曾仕强 著

民主与建设出版社

图书在版编目（CIP）数据

易经的智慧合集/曾仕强著. --北京：民主与建设出版社，2016.4（2025.4重印）
ISBN 978-7-5139-1069-9

Ⅰ.①易⋯ Ⅱ.①曾⋯ Ⅲ.①《周易》-研究 Ⅳ.① B221.5

中国版本图书馆 CIP 数据核字（2016）第 081321 号

易经的智慧合集
YIJING DE ZHIHUI HEJI

责任编辑：	顾客强
出版发行：	民主与建设出版社有限责任公司
电　　话：	（010）59417749　59419778
社　　址：	北京市朝阳区宏泰东街远洋万和南区伍号公馆4层
邮　　编：	100102
印　　刷：	河北环京美印刷有限公司
版　　次：	2016年4月第1版　2025年4月第2次印刷
开　　本：	710mm×1000mm　1/16
印　　张：	107.75
书　　号：	ISBN 978-7-5139-1069-9
定　　价：	680.00元（全6册）

注：如有印、装质量问题，请与出版社联系。

目　录

第六十九集　无心之感……………1

第七十集　　心心相印……………11

第七十一集　致恒之道……………23

第七十二集　天长地久……………33

第七十三集　退隐山林……………43

第七十四集　全身而退……………53

第七十五集　大壮之道……………63

第七十六集　严防非礼……………73

第七十七集　光明磊落……………85

第七十八集　宽以待人……………97

第七十九集　忧患人生……………109

第八十集　　心地光明……………119

第八十一集	诚信齐家	131
第八十二集	忠厚积善	143
第八十三集	多疑之害	157
第八十四集	和而不争	167
第八十五集	越挫越勇	179
第八十六集	止于至善	189
第八十七集	化险为夷	201
第八十八集	待时而动	209
第八十九集	崇尚自然	219
第九十集	二合为一	229
第九十一集	损以修己	239
第九十二集	为道日损	249
第九十三集	损极而益	261
第九十四集	为学日益	271

易经的智慧・第六十九集

无心之感

"青年男子，谁个不善钟情？妙龄少女，谁个不善怀春？"爱情，作为人世间最美好的情感，古往今来，不知缔造了多少美丽动人的人间佳话，也不知让多少痴情男女肝肠寸断。为什么这么美好的情感会造成幸福和痛苦两种截然不同的结局呢？人们在恋爱中，应当遵循怎样的方式和原则，才不至于与真爱擦肩而过而遗恨终生呢？

第六十九集　无心之感

我们现在来看下经的第一卦——咸卦。咸卦卦象（图69-1），三个阳爻，三个阴爻，代表三个男性，三个女性。如果把九三、九四、九五三个阳爻看成一个阳爻，把初六、六二看成一个阴爻，上六也看成一个阴爻那就是个坎卦（图69-1）。这就告诉我们，爱情的路是坎坷的，很多时候会让我们晚上睡不着觉，白天做不了事。所以要在感情的路上走得顺利，就一定要按照咸卦给我们的一些启发，循序渐进，才能减少很多苦恼。

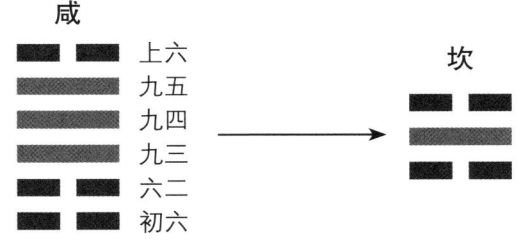

图69-1

咸卦卦辞（图69-2）说：咸，亨，利贞，取女吉。

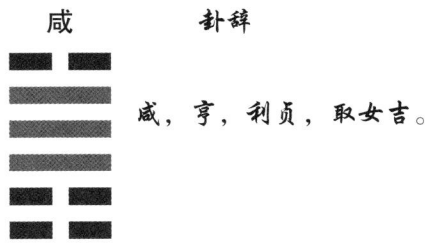

图69-2

"利"，在这里解释为适宜的"宜"。要想很适宜，就应该彼此都

正,也就是说会不会亨通,要看正不正。为什么不倒过来说贞正才能亨通?因为卦辞告诉我们,不正也能亨通。人与人之间总会有感情,爱错人也是一种爱情,也会亨通,只是这样的亨通要小心,因为它不一定适宜。我们说人心都是肉长的,是会动的。既然会动就有感应,可是感应有好有坏,所以如果走正道,就比较适宜,比较好;如果走歪门邪道,那最后倒霉的只能是自己。

"取女吉",就是找到适当的对象,然后与其结婚,就会组建一个比较好的家庭。如果说我们看到某个人很喜欢,然后硬要去追求,这样不一定会有好的结果。别人帮我们介绍对象,看起来好像自己没起什么作用,但说不定婚姻反而很美满。这样的案例很多。有人说以前的什么父母之命、媒妁之言,都老套了,其实现在不也是一样吗?婚介所就是一个很好的例子,在一个人无路可走之后,不是又回来了?婚介所不就是做媒的吗?结婚能够不禀报父母吗?父母不点头,夫妻两个以后的日子会好过吗?我们总是把以前很多好观念,很僵化地去解释,然后拼命去骂。骂了半天也没有用,因为回头还是要有人介绍,还是要有媒人,还是要父母点头。现在只是换了种说法而已,实质上是一样的。

咸卦整体所反映出来的坎象,向人们暗示出:爱情的道路上会存在着诸多坎坷,要想成就一场顺利圆满的爱情,就需要按着咸卦所给的启发慢慢去走。那么,根据咸卦的象辞,在男女双方从相识到相爱再到结婚这个过程中,都需要遵循哪些必要的原则,同时注意哪些重要的问题呢?

咸卦的象辞说:咸,感也。柔上而刚下,二气感应以相与,止而说,男下女,是以亨,利贞,取女吉也。天地感而万物化生,圣人感人心而天下和平。观其所感,而天地万物之情可见矣!

"咸,感也",什么叫作感?感情、感觉、感动、感化,都叫感。人不可能没有感情,因为心会动。我们看到钱会不会心动?看到人家官做得很大,会不会心动?这都是感。某一天我们很想一个人,那也是一种感

第六十九集 无心之感

了。可见咸卦不完全是限定于男女之间的感情。我们跟万物都有感应，看到一张漂亮的桌子马上会说，好喜欢；看见一种讨厌的颜色，也马上会有一种反应，说不喜欢，这都叫感应。

"柔上而刚下"，咸卦上卦是兑（图69-3），兑阴少阳多，所以是阴卦。下卦是艮（图69-3），艮阴多阳少，所以叫阳卦。阴卦柔在上，阳卦刚在下。如果倒过来怎么样？倒过来就是山把泽压得死死的，动都不能动。所以一定要上面比较柔，下面比较强，才能动，动才有感觉。

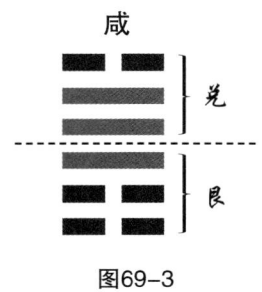

图69-3

"二气感应"，是什么意思呢？上卦是个阴卦，阴气是向下的；下卦是个阳卦，阳气是上升的。阴往下，阳上升，才会有交感。"相与"，就是相亲的意思。爱不爱还不知道，但是最起码已经亲近了。

"止而说"，止是什么意思？各位想想看，为什么艮卦代表少男？就是说你去追求女生的时候，要适可而止，否则的话人家就会告你骚扰，不是说你喜欢她就可以穷追不舍。你喜欢她是一回事，人家喜不喜欢你是另一回事，这点要小心。所以此处的"止"，就是说只能表现出自己的诚意，当止则止。"说"，跟悦是相通的。少女一般不会主动回应你，她只能暗示你，她很喜悦，她接受你的好意，如此而已。

少男如山一般，很笃实，很谨慎，然后去追求少女。少女为他的诚心所感动，但是嘴上不能答应，只能用脸色来回应。这样慢慢地两个人就有感觉了。嘴巴讲的往往是不可靠的，你爱我吗？爱。爱到什么地步？爱到海枯石烂……这样的话讲一大堆，都没有用，因为没有用心。咸，就是无心之感。大家听来听去会觉得很奇怪：没有心能感受爱情吗？其实无心之

感是告诉我们，不要用心去计较，去衡量利害关系，但是要诚心，要专心，要没有杂念。

> 无心之感就是不要用心去计较，去衡量利害关系，但是要诚心，要专心，要没有杂念。
> ——《易经》的智慧

"男下女"，男生想追求女生，要谦恭居下，最起码要认为女生比较尊贵。随随便便，算什么男女朋友呢？那只不过是一般的朋友而已。"是以亨"，就是说男下女才合理，才会亨通，否则后面的问题一大堆。结婚之前如果男的都不把女生当作比较尊贵的对象，那以后日子怎么过？所以我常常跟很多年轻的女生讲，要保持适当的矜持，矜持就是虽然心里很热情，但是表面要冷一点。如果男生约女生吃饭，女生一定要让男生出钱。现在不是了，各付各的。如果你是个女生，你的男朋友还让你付钱，你就根本别接受他。还有更妙的，男生长得比较高，女生长得比较矮，男生一只手勒着女生的脖子，勒得女生简直站都站不直。如果这种男朋友也要，那就太可怜了，完全是作践自己。

"利贞"，利就是发乎情而止乎礼。有情感要适当地表现，但是要止于世俗礼节所能接受的范围。如果问一个女生喜欢某个男生吗，她点头说是，这传出去像话吗？人家会觉得：哎呀，大概知道自己的条件太差了，生怕嫁不出去，看到别人跟她表示点意思，马上就喜不自胜了。那不是很可怜吗？所以差不多大部分女生都会说"才不喜欢呢"。才不喜欢就是喜欢，要不然讲那么认真干什么呢？像这种事情，看起来好像是相反的，其实是相成的。

"取女吉"，就是要按照正当的婚配程序进行，才会吉祥。现在不是了，以为恋爱事涉隐私，别人无权过问，也不会有人知道，然后想做什么就做了。这样还有什么程序可言呢？现在还有更加时髦的，只谈恋爱不结婚，结婚也不住在一起，住在一起也不生小孩，生了小孩也不好好教育。

第六十九集 无心之感

这算什么世道人心？可是人类到了这个地步还不知反省，还认为是进步，真是非常糟糕。

"取女吉"，其实是告诉我们要根据整个的过程，一步一步去走，这样下去将来才会走出一个恒卦（图69-4）来。讲到这里，希望大家看到咸卦的时候，心目当中要有恒卦。将来读到恒卦的时候，心目当中也要有咸卦。这样我们才知道，为什么这两个卦是相综的。谈恋爱的时候就要想，要终生一辈子跟这个人相守，这样态度就完全不一样了。结婚以后，就要希望两个人能够长相守，这样就知道要将以前的爱情延续下去。咸、恒就是从爱情变成夫妇的完整过程。夫妇关系是五伦之首，是人伦的基础。

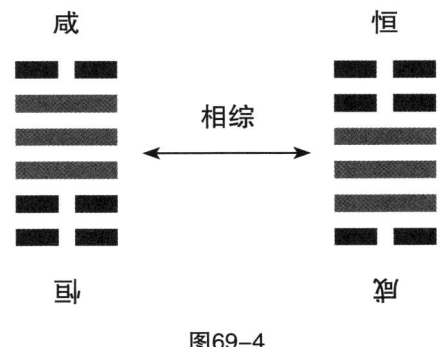

图69-4

在恋爱时，男人应该给予女人应有的尊重和爱护，女人也需要保持合理的矜持与礼节。男女双方应当按照正当的婚配程序，让坎坷的爱情最终走向恒久的婚姻。这是人类社会最基本的伦理要求，同时这也符合自然界的发展规律，那么，男女相爱的现象，在自然界又是如何体现的呢？

象辞紧接着告诉我们，"天地感而万物化生"，天是阳气，地是阴气，阴气是往下的，阳气是往上的，那这两个怎么会互动呢？既然是阳气，就要有那种奉献的心，要舍得把阳光普照大地，不能说只顾自己，不管别人。阳气将热照到地上去，地上有了热气以后，水就会变成气体，气体才会上升。上升以后碰到冷气，又冷却变成雾，最后越聚越多，再变成雨水，降落下来。有这么一个往返交易的过程，天地二气才能生出万物。

"圣人感人心而天下和平",圣人看到这种现象就知道要感动人心,天下才会太平,不是说一天到晚发号施令告诉百姓做什么就行的。如果不是民心所向,这个圣人就是假的。

"观其所感,而天地万物之情可见矣",就是说只要用心去观察宇宙万象彼此互动的情况,就会知道这当中都是有真情存在的。比如草得到露水以后,就会欣欣向荣。它们也是很有感激之心的,只是不会说话而已。那么,从自然之象转到人事上,齐家、治国、平天下的道理也就很清楚了。

在自然界,有了阴阳二气的互动,才生出万事万物;在人类社会,有了男女相爱结合,人类才生生不息。可见男女之间爱情的产生及发展是符合自然界的发展规律的,人们应当合理地看待爱情。那么,关于恋爱中的男女如何相处,是否也能在自然界中找到对应的现象呢?

咸卦的《大象传》说:**山上有泽,咸,君子以虚受人**。

泽就是水,地上也有水,很多地方都有水,可是这里为什么说山上有泽?意思是告诉我们,泽水在高山上是没有受到污染的。高山上的水之所以特别清新,就是因为没有受到污染,像清纯的少女一样。下面这座山,是懂得礼节的,它让水慢慢流下去,以表示自己尊重、爱惜这良好的没有受污染的水的情意。

当然,山泽是要通气的,但是通气并不是说有多少水统统流光。所以还是要保护它,让它慢慢地流下去,这样才能够彼此相容。山是实的,泽是虚的,一虚一实,一阴一阳,彼此才可以相容。君子看到这种状况就体会到,做人要谦虚,才能够包容大家。一个人越谦虚,就能包容越多的人。"以虚受人",就是不妄自尊大的意思。

做人要谦虚,才能够包容大家。

——《易经》的智慧

第六十九集　无心之感

一个茶壶，如果里面装满了水，就再也装不进去任何水了。如果茶壶是空的，我们就可以泡茶。一个杯子装了酱油，就不能装醋，只要满了，就没别的用途了。所以做人一定要虚，才能够包容一切。

恋爱中的男女双方彼此尊重，彼此关爱，彼此包容，有热情但不缺乏应有的原则和礼节，这是咸卦《大象传》从宏观上传达给人们的一些恋爱观。然而，在现实社会却存在着很多早恋、一夜情等现象，那么为什么会出现这样的现象呢？根据咸卦的道理，人们怎样做才能避免类似的事情发生呢？

《杂卦传》里面已经讲了：**咸，速也**。感情是来得很快的。可是中国人说，来得快，去得也快。所以，要缓慢一点才不会出错。

咸卦的六爻从初爻一直发展到上爻，就是告诉我们不要太冲动，否则会一发而不可收。现在很多有关爱情和婚姻的问题都是这样。说难听点，现在的父母根本就不管儿女的婚姻大事，也无从管起，因为他们自己也不懂。他们只知道时代不同了，现在小孩子成熟得快，于是找一大堆理由，来逃避责任。这就是教育观念不正确所导致的恶果。小孩子不懂事，你喜欢我，我喜欢你，两个人就偷偷地在一起了。还未成年的求学时光，女生就怀孕了，进而很紧张，就去找医生。所以一到暑假，妇产科医生就特别忙，因为打胎、流产的人多了。

现在很多很会写小说的人都说，我们不在乎感情能有多长，不在乎结果怎么样，我们只在乎曾经的拥有。这叫作一时性，现在很多观念就是受这个一时性的感染所造成的。一时性，才会有一夜情。如果只看眼前，不计后果，人还像个人吗？

任何事情都是物极必反，我相信我们很快会走回头路。有些人，为了标新立异，就灌输给我们很多错误的观念，我们往往因为信息不足、认识不清，而犯了很多错误。以中华民族的智慧，要想办法把它扭转过来是不难的。我们常常把这个叫作扭转乾坤，就是说乾道跟坤道已经错乱了，要

重新恢复正位。讲到这里，大家一定很清楚，整个下经就是恢复的开始。恢复什么？就是恢复我们纯真的感情，恢复我们应有的互动方式。

接下来，我们就要把六爻逐个来分析，这样才能知道心心相印是有个漫长的过程的，而不是像闪电一样快速。所以，下一集我们来讲：心心相印。

易经的智慧·第七十集 心心相印

俗话说,爱情路上没有顺风车。在男女相爱的过程中,总会遭遇各种曲折坎坷。毕竟不同的男女有着各自不同的爱情观,而不同的恋爱情境,对他们也有着不同的机遇和考验。那么,男人和女人,如何才能根据自身的情况来求得属于自己的真爱呢?而热恋中的人们,还需要遵循怎样的原则,才能使辛苦求得的爱情恒久而美满呢?

第七十集　心心相印

我们看到咸卦的卦象，三个阳爻跟三个阴爻都是相应的，这就表示婚配的对象要搞得很清楚，才不会出差错。

先看初六，它的对象是谁？九四。可是九四高高在上，初六怎么方便去跟它表示呢？除非九四主动来找初六。我们一再讲，只能够男的去追女的，不可以女的追男的，从这里就看得出来。

咸卦初六爻的爻辞（图70–1）说：咸其拇。

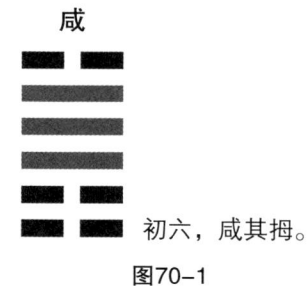

图70–1

"拇"，就是脚指头，脚指头已经开始在动了。初六在整个咸卦的开始，就是情窦初开、感情初动。因为初六是阴居阳位，不当位，表示不适其境。这个时候虽然心动了，但是不能有所行动。只能脚指头轻轻动一动，就得停下来。由于处在刚刚起步的阶段，还没有吉凶的回应，所以爻辞里面也没有出现这样的字眼。

初六小象说：咸其拇，志在外也。这个"外"，就是外卦，即上卦。上卦的谁？九四。既然有怀春之心，为什么不敢表现出来呢？因为不知道对方会怎么样反应。但是最要紧的还不在这里，最要紧的在于不能违反咸卦的贞正原则。什么叫作贞正的原则？就是我们一再强调的：只能男追女，不许女追男。为什么呢？我们可以感觉到，男追女，隔座山。而女追男,隔层纱,追到很容易。

事实也是这样的。女的一追男的,男的就抵挡不住,还说得很好听,什么"英雄难过美人关",这都是很不要脸的话。为什么女的追男的,男的很难抵挡得住?因为男人的心思多半在事业上,爱情不是他的主要项目。可是女生不一样,女生的第一关不是金钱关,而是情关。我们去问一个小男孩,最要紧的是什么?他都会说,想办法赚点钱,因为赚钱才能结婚,他是从内心想到赚钱才能结婚的。可是我们问一个小女孩,将来长大会怎么样?她大概不会说先赚钱再结婚之类的话,她也不敢说,因为她在家里看到的都是爸爸赚钱回来给妈妈用,她何必去改变这个对她很有利的现实呢?我们整个社会的风俗会这样,自然有它的原因。

初六虽然志在外,可是不会乱动,因为一乱动就对它不利。我们为什么知道它不会乱动呢?因为它是初六,不是初九,如果是初九,就动了。初六不当位,它很柔,感觉也很细腻,在摸不清对方感觉怎么样的情况下,当然以不要乱动为好。

当怀春的少女对某个男子芳心暗许的时候,一定要谨守《易经》中所讲的"贞正的原则",给予其适当的暗示,而不要大张旗鼓地展开求爱的攻势,更不能因为别人非分的挑逗而心生欢喜、欣然接受,否则就会遭遇到咸卦六二爻的凶象。那么,同是少女怀春,为什么处于六二爻这种情境中的人,他们的爱情道路,会险象环生呢?

六二爻辞(图70-2)说,**咸其腓,凶,居吉**。

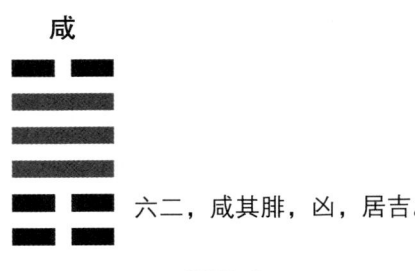

图70-2

第七十集 心心相印

"腓",就是小腿。当小腿动的时候,身体也开始跟着动起来了。一个人脚指头动的时候,很容易及时停止,但是小腿一动,就很难停止。这一动为什么会凶呢?六二是当位的,它的对象是谁?九五,因为六二跟九五是对应的。那六二这一动是往哪里动?是去找九五,还是九三呢?很多人认为是去找九三了,因为近水楼台先得月嘛。

这样各位才知道,为什么我们跟西方人在这方面是很不一样的。西方人认为师生恋是无所谓的,那是私人的事情,但是中国人却认为老师不可以爱上学生。因为老师和学生的地位是不对等的。作为老师,可以用很多堂而皇之的手段来操纵学生,以达到自己的目的。这样的老师,是中国人非常看不起的。

六二的对象是九五,可是明明旁边就是一个九三,只要九三稍微给点暗示,六二就动了。前面已经讲过了,咸卦整个卦是坎象。为什么是坎象?就是虽然上下卦的爻都是一一相应的,但是当中都有一些矛盾,都有一些干扰。比如六二跟九五是相应的,但九三就是个干扰。九三本应该去找上六,可是它看到这个六二也不错。这样各位才知道,为什么我们要求男性要有更大的责任感。男性不能看到某个小女孩很漂亮,就去逗她,讨她的欢喜,这是不对的。

如果六二好好地跟九五去互动,就没事了。偏偏有个九三在这里,六二又去奉承它,又在它面前表现得很可爱,很温柔,那一定是凶的。急于追求感情,是不会有好结果的。

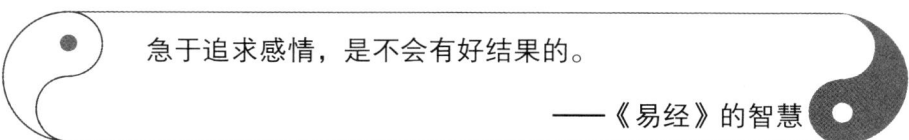

急于追求感情,是不会有好结果的。
——《易经》的智慧

"居吉",居,就是安居不进。我们住的地方叫居所,居所不会动来动去。六二守住不动,反而吉祥,只要一乱动,就闯祸了。感情这种事情是不能急的,一急就出乱子。现在很多人说,哎呀,不行了,我已经到了

适婚年龄了，不赶快找个对象结婚，恐怕就晚了。这叫作饥不择食，别人会趁机乘虚而入，到最后双方都会遭受痛苦。女性要安居不进，要知道这个不是自己的对象，不要乱动，不要着急。

现在有些女孩看男孩的那种表情，实在是太可怜了，就好像天底下要不是有这个男孩，她大概就嫁不出去了。很多女孩就是那种表情，而且在大庭广众之下。有人说她是不是忘我呢？根本不是，她是无知而已。像我们那个年龄的时候，大概不会做这种事情，因为我们的父母管教得很严格，有什么不对，父母回来就痛骂，说丢他们的脸。现在的父母也没有这样的感觉了。

六二跟初六都是少女怀春，这是很自然的。可是初六怀春，她能够矜持，矜持就是能够保持得住，能够稳得住，这样虽然也许不会吉，但一定不会凶。可是六二怀春，如果看到男孩子就表现出不贞不正的感觉，一定是凶的。要怎么样避凶呢？就是要记住，女孩子要守道，守道的人是不会先动的。看到喜欢的男生，不是不可以表现，只要私底下暗示他一下就好了，不要在大庭广众之下表现得很明显，否则对自己来说是很大的伤害。因为所有男生都会看不起太主动的女孩，会觉得她太随便了，将来娶了会很麻烦。当然她也可能会说，他们不会有这种想法，他现在是没有，但是总有一天会有。到最后，这个男生可能跑掉了，女生还在那发呆呢。

六二小象说：**虽凶居吉，顺不害也**。虽然爻辞说是凶的，但是只要用理智控制住感情，适当地表达，还是会吉的。小象给出了一个挽救的方法：顺不害也。就是说要柔顺，要谨慎，要遵守社会的习俗，这样就可以避免祸害了。

古往今来，不顾伦理和社会习俗的男女私情不胜枚举，其最终的结局也大多凄凄惨惨。作为怀春的少女，要想在感情上少受伤害，一定要坚持贞正守道的原则。这个原则不仅适用于女性，同时也适用于男性。象征着男性的九三爻就是因为没有坚持这一原则而令人鄙视，那么这种人是怎样对待爱情的？他的这种爱情观又给人们怎样的警示呢？

第七十集　心心相印

九三爻辞（图70-3）说：**咸其股，执其随，往吝。**

图70-3

"股"，就是大腿。大腿本身是不会动的，表示这个男孩子本身没有主见，他完全是听别人的话的。"执其随，往吝"，人家叫他去找这个，他就找这个；人家叫他去追那个，他就去追那个。这种男孩子，要他干什么？他只是随从人家的怂恿。这个时候不管他去追谁，在别人眼中都是卑鄙的行为，因为不是出乎真心，只是听人家怂恿而已。甚至有人跟他打赌说，你敢去约会那个女生吗？你敢的话，我就给你300块。他就去了，这种事情太多了。一个男生为了表示他的勇敢，为了表示他的所谓风度，就盲目地、不分青红皂白地去做一些事情。这就是九三，完全没有脑筋，甘心听从别人的指使，所以不管怎么动都是别人支配的。

九三小象说：**咸其股，亦不处也。志在随人，所执下也。**"不处"，就是说没有发挥作用。"志在随人"，只知道听人家的话，然后盲目去做，那自己还有什么作用呢？这就是意志不坚、爱情不专，这样的男人就是九三。"所执下也"，眼睛只看到六二和初六，根本没有看到上六，而上六才是自己的对象。看到下面有两个，上面只有一个，所以认为追上面那个比较困难，于是就追下面看似比较容易的，那就搞得天下大乱了。九三不能处静，他的心随着别人的指使到处去感应，这种人的爱情怎么会专一呢？所以不管他怎么动，都是很可悲、很可鄙的行为。

作为一个男人，如果意志不坚定，感情不专一，就会给人留下既可悲又可鄙的印象。那么，如果一个男人，既搞不懂纯真的爱情，也找不到一

17

个合适的对象,这又会给人留下怎样的印象呢?

接下来我们进入到九四。九四应该是心的部位,可是整个爻辞里面没有一个字是关于心的。九四爻辞(图70-4)说:**贞吉,悔亡。憧憧往来,朋从尔思。**

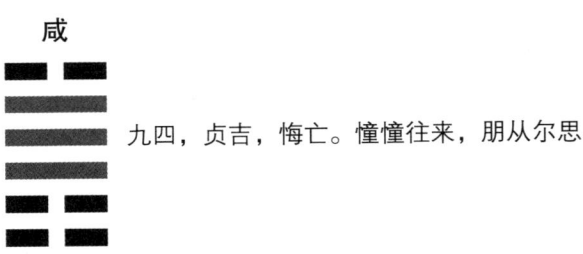

图70-4

咸卦的重点是无心,所以爻辞里面没有"心"这个字眼。但是我们从另外一个角度来看,九四想要跟上面的上六交往,但是有一个九五隔绝在那里;想跟下面的初六交往,又有一个九三隔绝在那里。这样我们就了解到,三个阳爻在一起,当中那个阳爻是比较吃亏的,上面被挡住,下面也被挡住。这样一来,九四就心神不定,所以叫作憧憧往来。往是上,来是下,上下都不通,所以九四的心思很不安定,患得患失,辗转反侧。初六跟九四本来就是天生的一对,所以它会慢慢地顺从九四的思念,来跟九四做一个会合。因此我们常常说,缘分还没有到,要安心等待,不要东张西望,否则到最后可能会错失真正的缘分。

> 缘分未到,要安心等待,不要东张西望,否则到最后可能会错失真正的缘分。
> ——《易经》的智慧

"朋从尔思",朋指初六,尔指九四,初六才是九四的对象。一个人不要盲目地去找别人,一开始就守贞,才会吉祥。否则,如果不贞就会后悔。那后悔从哪里来呢?就是因为九四是多惧的。九四为什么会多惧?就

第七十集 心心相印

是因为憧憧往来。往上会看到上六，往下又看到六二，真正相应的初六反而很遥远，因此九四就摸不清楚到底喜欢谁，而且不管往哪里走，都有两个阳爻把它挡住，制造很多障碍，所以九四的心志就昏愚不定。在这个时候，最好的办法就是贞节自守，不能乱，一乱就有悔。如果九四不乱，这个悔自然就消失掉了，所以叫作悔亡。

九四小象讲得很清楚：**贞吉，悔亡，未感害也。憧憧往来，未光大也**。本来是无心的，但是因为感情没有受过伤害，所以反而不知道要怎么办才好。大家有没有发现，情场失意的人，反而很老练。从来没有恋爱经历的人一旦遇到困难，就吃不下饭，睡不着觉。这就叫作憧憧往来。左思右想找不到一条正确的路子，就是未光大也。为什么？因为对纯真的爱情还搞不清楚。

九四这种人是蛮多的，他只知道说自己是个男人，要去找一个合适的对象，可是找谁，怎么找，结果会怎样，都不清楚。

对于一个不懂真爱又不知爱谁的人来说，如果做不到贞节自守，就可能会因为盲目而陷于后悔莫及的阴影当中。然而，在现实社会中还有一种人，同样是不懂得真爱，仗着物质上的富足而吸引女性与之建立起婚姻关系，即使最终婚姻破裂也不会心生悔意，这是为什么呢？这种以金钱为基础的婚姻究竟是可喜还是可悲呢？

九五爻辞（图70-5）说：**咸其脢，无悔**。

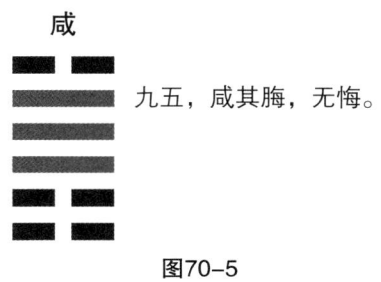

图70-5

"脢",就是脊背。人的脊椎骨,是最没有感觉的。所以一个人挨打的时候,打前面会受不了,他都会用背去顶一顶,就表示背可以打得重一点,可以承受得了。这告诉我们,如果要追求一个女孩子,就要背很重的东西送给她。用现在的话来讲就是要送很多的钱,才能感动她。这样为什么会无悔呢?因为如果用物质来表达爱情,那么当钱用光了以后,情就绝了。

现在经常有很多人,把车子停在路边,站在那里大声讲:这是我的名车,我身上穿的都是名牌,这顶帽子12万……这种人就是"咸其脢",因为他没有什么别的东西可以感动别人。他的出发点本来就是这样,至于将来承受什么样的后果那也是咎由自取。

九五小象说得最清楚:咸其脢,志末也。一个人对爱情完全外行,完全不了解,肤浅到只会用物质来显示自身的价值,这种人后悔也没有用,他也不会后悔,有这种价值观的人怎么会后悔呢?钱被骗了,人跑了,再找一个就是。但是话说回来,凡是看到钱多就会动心的人,大概也不会跑,既然这样还有什么好后悔的呢?

咸卦通过九三、九四、九五这三爻,给予了追求爱情的男人们诸多的提醒和警示。而现实生活中,也有一种女人,没有真爱,却总是用甜言蜜语迷惑对方,导致了很多正常家庭的破裂。那么,鉴于这种现象,作为男人,应该如何进行自我免疫,而作为女人,又该如何引以为戒呢?

上六就更值得我们小心了,其爻辞(图70-6)说:咸其辅颊舌。

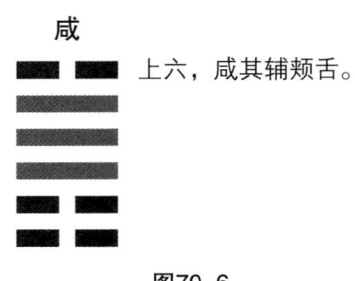

图70-6

第七十集　心心相印

"辅"，是牙齿外面的颚。"颊"，是脸颊。"舌"，就是舌头。这三个部位，就是我们平常所讲的口舌，口舌就是话的意思。人讲话的时候，都是这三个部位在动。上六爻辞的意思就是用甜言蜜语来迷惑对方，这种人的感情比九五还要薄。所以谈恋爱的时候，不要老相信对方嘴巴讲的话，对方讲的话越甜，越要加以怀疑。其实男生的甜言蜜语还不是很厉害，女孩子的甜言蜜语才可怕。我们看到的事实是，一个男生跟很多女生在一起，这个男生就比较害羞，不敢乱动，相反一个女生跟好几个男生在一起，这个女生就表现得很活跃。这是性别的差异造成的。了解了这些，就应该知道，有些话听听就算了，如果非要相信，那就上当了。

上六小象说：咸其辅颊舌，滕口说也。"说"，就是随口说说而已。有很多女孩子，看到男人以后，就说你是我的偶像，我很久以前就崇拜你……讲一大堆，讲得天花乱坠。人家听到后，一下子就慌了。尤其是很多电影明星，最后都栽在某个小女生身上，就算他平常再怎么样会表演，再怎么样见过大场面，都没有用。

我们赋予上六一个现代的名词，叫作小三。小三一出现，天下大乱。她靠的是什么？就是甜言蜜语。小三现在可以直接打电话给这个男人的太太，专讲一句话：我不在乎他的钱，也不在乎他的名，我是重视这份感情。天晓得她在乎的是不是感情！所以，如果我们不好好地把咸卦看懂，每一个人各守其分，走从交友开始培养感情，然后正式婚配这条正道，我们这个社会永远无法齐家。因为婚姻乱了，爱情乱了，怎么可能齐家呢？

但是我在这里也劝各位，不要把责任统统推给小三。小三自古以来就有，不是现在才出现的。之所以出现这些问题，就是我们在咸卦阶段，也就是互相动心、互相建立感情的时候，没有考虑到后面应该有个恒卦在那里。

咸卦告诉我们，要按部就班，要有诚意，要用理智来引导感情，否则一发不可收。因此要赶快去看恒卦，也就是去看看你们的爱情是不是能够长久。如果能长久，就继续下去；如果不可能长久，趁现在大家还没有很深入的时候，趁早分开，这样对谁都好。所以下一集，我们就要来讲：致恒之道。

易经的智慧·第七十一集

致恒之道

现代社会离婚率越来越高,但是人们在结婚之初,都是希望婚姻能够恒久不变的。恒卦提醒我们,要想不变,就一定先要合理地去变。那么,究竟该怎么变,才能使得婚姻恒久?而恒卦又为我们提供了哪些方法呢?

第七十一集　致恒之道

我们读《易经》的时候，最好把两个卦合起来看，像恒卦和咸卦（图71-1）就是相综的，相综就表示它们是事情的一体两面。咸就是两个人互相爱慕，有了感情；恒就是结了婚以后，要长相厮守。这样一来，咸跟恒这两卦就是从谈恋爱一直到结婚，建立温馨和谐的家庭的一个过程。

图71-1

《杂卦传》写得很清楚：咸，速也。恒，久也。咸，来得很快，为什么？因为这是自然的，也就是人总会有异性相吸的天性。如果男人看到女人连看都不看，女人看到男人连心都不动，那人类也很麻烦。所以异性相吸是理所当然的。

"恒，久也"，为什么恒要久呢？因为恒要靠培养。想想看，一个人要有恒心就很难嘛。我们常常讲，有恒乃成功之母。很多人之所以不会成功，就是因为没有恒心。今天喜欢做一做，明天就丢掉了，后天就忘记了，然后又找新的，这样的人一辈子都不会有很稳定的事业。

《序卦传》说：夫妇之道不可以不久也，故受之以恒。既然要成为夫妇，就不能三天两头闹矛盾。当然有意见是免不了的，但是不能动不动就要离婚。因为既然要成立一个家庭，就要有恒久的打算，所以才受之以恒。恒卦紧接着咸卦而来，就是为了告诉我们，要么不结婚，要结婚就要做好过一辈子的打算。我们用一句话来讲，就是少年夫妻老来伴。

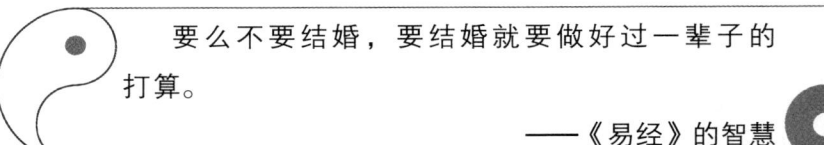

要么不要结婚，要结婚就要做好过一辈子的打算。
——《易经》的智慧

《杂卦传》提醒我们"恒，久也"。而夫妻之间所渴望和追求的，正是这种能够恒久不变的感情。那么，是不是只要我们做到所谓的永不变心，就能够维持永恒的婚姻呢？

长期以来，我们对"恒"存在一个很严重的错误认知，就是要很稳，不能动，不能变，才叫恒。这种理解是不对的。我们一定要知道，没有变化，大家就会厌倦，一旦厌倦，就不可能恒久。所以不可以不久也，就必须要有合理的变化。

恒卦的上卦为震为雷，下卦为巽为风（图71-2）。请问大家，震是静还是动？当然是动，打雷就是动嘛。巽是静还是动？也是动，风一静下来，就没有风了嘛。可见它们两个都是动的。这就告诉我们，要动才能恒。如果没有变化，就没有办法恒久，这是恒卦的一个重点。一般人都理解错了，认为夫妇就是要过那种很"稳"的生活，不能有什么变动。记住，一定是常常变动，才能恒久。

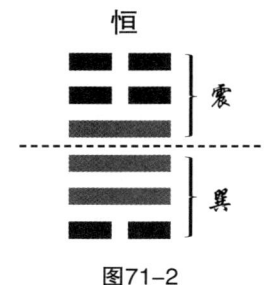

图71-2

第七十一集 致恒之道

我们首先来看恒卦的卦辞（图71-3）：恒，亨，无咎，利贞，利有攸往。

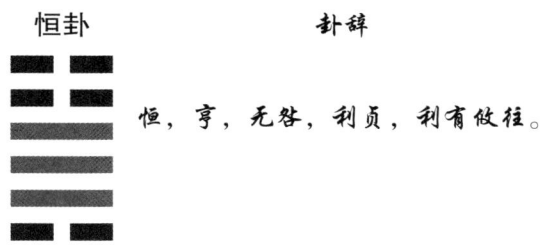

图71-3

怎么才能亨呢？就是要变通，随时做出合理的改变。那是不是一亨通，就无咎了？不一定。"无咎"，就是要真诚无妄，要心神安定，才能够老而弥坚。这个老而弥坚是很难做到的。

"利贞"，"贞"在这里有两种解释，第一种是双方面都要守贞操，第二种是说男主外，女主内。"利有攸往"，指的是对婚姻的状况，能够有所往。往穷的方向去，穷有穷的快乐；往富的方向去，富有富的一种快乐。这叫随遇而安，不是说我只能过好日子，不能过坏日子。其实夫妻没有共同穷困过，真的不晓得什么叫真情。虽说贫贱夫妻百事哀，可是在贫穷的日子里，两个人互相扶持、互相鼓励，会感觉到一辈子的关系，就是在这种情况之下奠定的。

不论是贫穷还是富有，夫妻之间都需要通过不断的、合理的变动，才能使婚姻恒久。那么，怎样的变动才算是合理的变动呢？而夫妻之间为了追求永恒，是不是在任何方面，都能有所变化呢？

恒卦的彖辞说：恒，久也。刚上而柔下，雷风相与，巽而动，刚柔皆应，恒。恒，亨，无咎，利贞，久于其道也。天地之道，恒久而不已也。利有攸往，终则有始也。日月得天而能久照，四时变化而能久成，圣人久于其道而天下化成。观其所恒，而天地万物之情可见矣。

"恒，久也"，它告诉我们要合理的应变，合理的调整，才会长久。

"刚上而柔下",两个人在一起,要相互配合。比如弹簧,下面有弹性,上面可以承载,这个弹簧就有用了。如果倒过来,上面有弹性,下面是刚的,那根本就承载不了任何东西。"雷风相与,巽而动",相与就是相随,相助。雷随风,风随雷,它们两个互相配合,互相协调,互相帮助,才会比较长久。"刚柔皆应",是什么意思?就是初六跟九四,九二跟六五,九三跟上六,刚好都是阴阳相应的。否则的话,怎么能恒呢?

"亨,无咎,利贞",是什么意思?这句话换用另一句话来解释,就是久于其道也。要持久地保持这样的原则,才可以变。

我们中国人的处事原则是持经达变。不能变的原则要坚持,除此之外,要彼此包容,彼此谅解,彼此互助,不管遭遇到什么问题,都要共同面对,这样才能长久。

我常常跟年轻人说,要想一辈子不离婚,只要有一个观念就好了,就是连离婚的观念都没有,这样怎么会离婚呢?这就是不可以改变的原则,但是其他的要随时改变。先生忙的时候,回到家少跟他啰唆,要多关心他,多帮助他。现在不是了,两个人都上班,每天下班的时候会出现共同的现象,就是都挑了苦水,准备回家发泄。没想到两个人都发泄的时候,谁也听不进谁的话,那就闹翻了,就拍桌子,就坐下来非要说个清楚。说不清楚,明天就去办离婚手续了。

   要想一辈子不离婚,只要有一个观念就好了,就是连离婚的观念都没有。
　　　　　　　　　　　　　——《易经》的智慧

"天地之道,恒久而不已也","恒久而不已",是什么意思呢?比如太阳东升西落,潮涨潮落,月圆月缺,我们看到的始终就是这个样子。那我请问你,是不是真的没有变化呢?不是,每天都在变,每年都在变。昨天下雨,今天也下雨,但是这两天下雨的情况却是不一样的。每年都有春天,但是每年春天的景象也不一样。这样有所变,有所不变,才叫会

第七十一集　致恒之道

变。人也是如此。

《象传》反复提醒我们，要有所变，有所不变。那么，夫妻之间除了需要合理的调整变动以外，在经营婚姻的过程中，还应该建立怎样的婚姻观呢？

"利有攸往，终则有始也"，为什么不用"始有终"，而用"终有始"呢？《易经》经常讲终始，但很少讲始终。因为始只有一次，过去了大家就都忘光光了。当年在结婚典礼上是怎么承诺的，有多少人还记得呢？我们比较了解的是终，现在两个人没有话说，看着就生气，谁也不会想到当初那个原始的、甜蜜的、无话不谈的蜜月期。这样终了，以后会不会始呢？不会，因为那不合乎自然。所以当两个人吵架闹矛盾的时候，就要回想一下当初结婚的那一幕是人家导演的，是做给别人看的，还是出乎内心的？如果是真心的话，怎么会变成今天这样子呢？这样想的话，整个状况就会有所改变。

"日月得天而能久照"，日月如果没有天做依托，能久吗？"四时变化而能久成"，四时如果没有变化，能够恒久发展下去吗？不可能。圣人从这里面深深地感觉到，这就是我们的长久之道，就是我们恒久的道理，所以"圣人久于其道而天下化成"。圣人懂得，想教化天下，就要不折不挠，苦口婆心。圣人讲的话很对，当时大家虽然听进去了，可明天就忘记了。所以圣人要持之以恒，不停地教化，才可能创造盛世。其实盛世是要靠大家一起来维持的，否则，很快就会由盛而衰，那是非常可惜的。

"观其所恒，而天地万物之情可见矣"，自然的恒，比如树木，秋天落叶，春天重新发芽，这就是终而有始也。天地都是这样的一种性情，那我们人更应该明白，为人做事，对待婚姻的态度，应该是怎么样的。

接下来，来看恒卦的大象：**雷风，恒。君子以立不易方**。雷跟风，就是雷鸣风至的意思。雷一响，风就来了，而且恒常是这样子。"君子以立不易方"，不易就是不变的意思，方就是方针、道理，立就是树立。君子

看到恒的卦象,树立了一个不变的恒久的道理,就是变当中要有不变,不变当中要有变。这也是我们一再说的持经达变,叫作有所变,有所不变。

变当中要有不变,不变当中要有变。
——《易经》的智慧

夫妻之间,即使秉持着"有始有终"的婚姻观,不断调整,也还是难免会走到婚姻破裂的境况。那么,当感情出现问题,家庭濒临破裂时,我们该怎么做才能阻止婚变?而恒卦又告诉了我们哪些夫妻的相处之道呢?

现在离婚率节节高升,家庭破裂的情况非常严重。要挽救家庭,社会才能和谐。怎么挽救呢?就是夫妇都要懂得致恒之道。致恒不是英文说的checks and balances,我牵制你,你牵制我。很多人把夫妇相敬如宾解释成我对你很客气,你也对我很客气。这样跟客人一样,还算夫妻吗?相敬是彼此关心,如宾是真正把对方当作重要的客人。我问你,客人到你家,你会问他要喝什么吗?你这样问就表示不把他当一回事嘛。客人来,你拿出他最喜欢的东西给他就行了,还用问吗?可见,现在很多人都是有口无心。

丈夫下班刚回家,妻子就问今天怎么样。他心里会想:我今天已经很累了,你还要跟我说话,是想把我累死吗?然后丈夫就不说话、不理她。妻子又说:神气什么,不就是上了天班吗?这样你来我往的,难免挑起家庭大战。我们所做的事情经常就是这样。其实夫妻之间会闹婚变,两个人都有责任,而不只是一方的过错。因为我们平常没有这种恒的修养,不懂什么叫作恒,怎样才能恒,只知道动,而且还是乱动。

现在人都是这样,能动不能静,自己既没有智慧去处理事情,又怨天尤人,感觉整个社会都不对。其实我们这样子还只是表面的分析而已,真正深一层来看,就是现在人私心太重,个人主义高涨,除了自己,没有别人。

夫妻就是要化解危难,为什么?因为整个恒卦的卦象包含了坎卦,现

第七十一集 致恒之道

在年轻人不懂这套，尤其是女生，动不动就问男生你爱我吗，老问人家这个干吗？那他一定被迫说：我爱你。然后又问爱多久，他就说爱到海枯石烂……这永远不是事实，因为谁也没有能力保证什么，说不定第二天就变心了。人心是非常善变的，自己都控制不了自己的心思，更何况是别人。见异思迁，求新求变，好的就留下，坏的就丢掉，在这种风气之下，能说自己有恒心吗？女孩也根本不能问人家爱不爱你，因为对他有怀疑，才会这样问，若是没有怀疑，还问什么呢？再说，想让对方怎么回答呢？如果对方正好趁这个机会说"我已经不爱你了"，那不是自讨苦吃？这就叫作没事找事。

一个人的注意力只能集中15分钟，15分钟以后就涣散了，能够拉回来，那就叫恒了。不断地飞出去，不断地拉回来，这就了不起。夫妻先从恒一天开始，第二天又一天，第三天还一天，这样才叫作终则有始也。今天没有变心，明天早上开始又恒一天，一直恒下去，那就叫永恒。永恒是一点一滴累积起来的。

其实夫妇相处只有几个基本道理，只要能够把握得住，不管当中怎么变，最后都是持久不变的，那就叫恒。恒的意思是什么？就是天长地久。其实人是没有本事天长地久的。一百岁就了不得了。但是，人逝去之后，天地依然沧海桑田，月亮照旧圆缺旋转。

下一集，我们要从恒卦六爻的变化分析怎么样才能够做到：天长地久。

易经的智慧·第七十二集 天长地久

如果说恒卦代表着人们走进了婚姻殿堂，那么，无论多么幸福美满的婚姻，都有可能会产生矛盾、出现问题，有的甚至还走上了离婚的极端。而当婚姻出现裂痕时，究竟该怎么做，才能扫除障碍，挽救婚姻？夫妻二人究竟各自该做些什么，才能和和美美，让婚姻恒久？《易经》中的恒卦，又将会给出哪些答案呢？

第七十二集　天长地久

我们来看一看恒卦六个爻有什么阶段性的提示。首先看初六，爻辞（图72-1）说：浚恒，贞凶，无攸利。

初六，浚恒，贞凶，无攸利。

图72-1

"浚"，就是深的意思，浚恒就是深深地希望能够恒久。那为什么贞凶呢？因为一个人自认为婚姻一定可以长相守，一定可以白头偕老，这样反而事与愿违，就是说贞而不变，则凶。"无攸利"，就是无所利，一点好处都没有。前面已经讲过，恒要靠双方共同来培养，它有一个过程，就是渐渐地、一天一天地加强彼此的感情，这样自然会恒久。所以结婚之后，如果认为可以高枕无忧，夫妇一直能好好相处下去，而缺少一定的调整变化，就会贞凶。

不相信结婚证书是不对的，但是太相信结婚证书也是不对的，这就是《易经》的道理。证书只是一个保障，还要双方将心比心，共同来培养今后的感情。那要怎么办？很简单，就是不能只相信可以恒久，而不知道还要不断地调整。否则就是知常不知变。一个人知常不知变，固然是凶，因为他只能守常而不能变通，不能衡量情况做出合适的调整，这是无攸利的。

初六小象说：**浚恒之凶，始求深也**。一开始就要求感情很深刻，这个期待太高了，将来是会失望的。骤雨不终朝，来得快去得也快。所以人不要事事都要求快，爱情和婚姻尤其如此。两个人虽然经过一段时间的恋爱，但是一定要记住，恋爱是非常时期，不是平常时期。而结婚以后要进入平常时期，这时候就要提高警觉，毕竟两个人是在不同的家庭背景下长大的，而且现在两个人要同时适应彼此家庭里面其他的人，这个要经过长期的培养。

一份恒久的婚姻，需要夫妻二人的共同努力和长期培养。但是，在这个过程中，随时都有可能出现各种矛盾和问题，从而造成家庭破裂。那么，恒卦的九二爻，会告诉我们哪些及时化解矛盾的方法呢？

九二爻辞（图72-2），只有非常简单的两个字：**悔亡**。

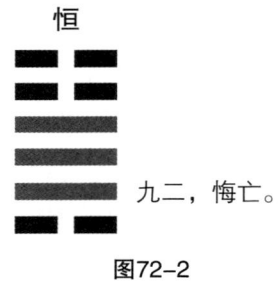

图72-2

"悔亡"，就是说可能会碰到后悔之事，而"亡"则表示有办法让它消失掉，所以我们要追究一下"悔"在哪里。

九二这种"悔"是因为不当位，可是为什么会消亡呢？因为九二是下卦的中爻，居中，守中道，也就是它能够按照恒道去走。什么叫恒道？就是持经达变。一个家庭要想持久，夫妇一定要有共同的目标，就是要坚定一直走下去的信念，变成老来的伴，并在此过程中不断调整，这就叫作致恒之道，也就是持经达变的根源。

第七十二集 天长地久

一个家庭要想持久，夫妇一定要有共同的目标，就是要坚定一直走下去的信念，变成老来的伴，并在此过程中不断调整。 ——《易经》的智慧

如果只知道恒，而不适当地去变、去调整的话，就会后悔。所以小象说得非常清楚：**九二，悔亡，能久中也**。悔亡的原因在哪里？就是九二能够持久地保持中道，也就是我们常讲的守中。九二跟六五是相应的，如果九二认为经过九三、九四跟六五相应太麻烦，还不如就近跟初六来互动，那它就会悔。现在九二没有，虽说跟初六互动比较方便，但是九二还是按照规矩，去跟上面的六五相应，这就是守正道，所以它就可以悔亡。悔之所以能够消亡，就是因为九二能够持久坚持致恒之道。

九二爻提醒我们，要坚守正道，才能够扫除婚姻道路上的障碍，让"悔"消亡。但是，要坚守正道，就必定要严格要求自己。如果我们没有足够的毅力去坚守正道，又将会遭遇怎样的后果呢？

九三在下卦的最上面，当位，过刚，所以爻辞（图72-3）说：**不恒其德，或承之羞，贞吝**。

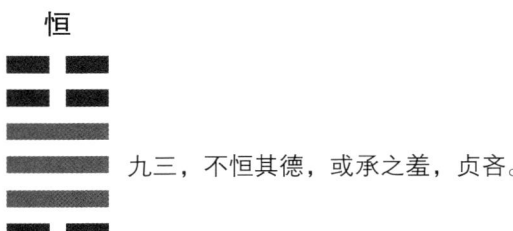

图72-3

不恒守真正的美德，很可能会遭遇羞辱。如果九三认为自己现在很好，跟上六是相应的，而且距离初六也不远，可以左右逢源，那就糟糕了。如果九三现在守正道，快速地跟上六去相应，也不对。为什么？因为

九三小象说：**不恒其德，无所容也**。只要一个人不按部就班，很急速地去恋爱、结婚，就不好了。急速就是过刚，过刚就表示很急躁。总是认为既然是姻缘，就要自己把握，就要求快，这样子谁也无法包容，而且最后也会使得自己没有容身之地。

不守正道，盲目冲动地对待婚姻，通常都不会得到好结果。那么，我们一旦步入了婚姻殿堂，夫妻二人又该各自尽到哪些责任，才能使得婚姻恒久呢？

九四爻辞（图72-4）说：**田无禽**。

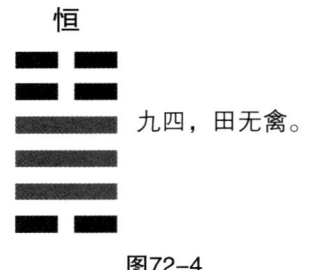

图72-4

"田无禽"，是什么意思？作为丈夫，要养家糊口，可是当丈夫出去打猎的时候，连一只禽兽都打不到。出去上班，也找不到工作。无论做什么，都一事无成，这就是九四的处境。九四以阳居阴位，不当位。不当位就好像是去打猎，找不到禽兽打一样。

所以小象说：**久非其位，安得禽也**。位置错了，本想动而有功，结果却动而无功，我们换成另外一个成语就叫作守株待兔。意思是告诉我们，丈夫不尽责任，天天游手好闲，要想夫妻守恒是不可能的。所以男主外，女主内，才会安心。女人主内，使先生没有后顾之忧，他出去才不会碰到田无禽这样凄惨的状况。

第七十二集 天长地久

恒卦六五爻辞（图72-5）：**恒其德，贞。妇人吉，夫子凶。**

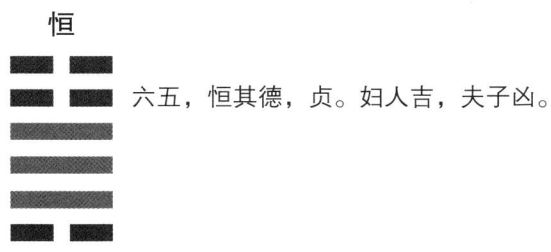

六五，恒其德，贞。妇人吉，夫子凶。

图72-5

六五是柔的，却占了阳的位置。长期地保持美好的品德，好不好呢？爻辞告诉我们，妇人这样是好的，而先生这样就是凶的。

小象说：*妇人贞吉，从一而终也。夫子制义，从妇凶也*。后来我们对此有点误解，认为妇人要从一而终，先生是凶的，其实不能这样解释。它的意思是，妇人要想在家安定地过日子，就必须有本事把先生牢牢地抓住，不让他变心，不让他有婚外情，那怎么办？就要用比较温柔的方式来对待他，来留住他的心。

我们以前常常讲，作为一个妇女，要懂得烹调。先生老是在外面吃，吃久了会腻，而且外面的应酬多了，难保不会有意外的事情发生。所以妇女要控制先生的肚子，让他觉得还是家里的饭菜好，然后他就慢慢把外面的应酬辞掉，准时回家了。这是以前的说法。现在可以理解为，妻子要有良好的态度、平和的心情，让先生回到家后感觉很温暖，妻子就可以从一而终了。

为什么夫子凶呢？男人如果也学着像太太一样去服侍长官，那完全是小人。用妇人的那种态度来窃取权位、窃取权势，不是大丈夫所应为的。一个老板，如果他旁边的助理有阳刚之气，就会认为这好像是保镖，要不然这么阳刚干什么？如果看起来很温柔，像妇女一样，就感觉这完全是跟班的，一点用处都没有。所以作为一个男人，在外面不管跟任何人相处，必须要有阳刚之气，不能够让人家感觉到很好欺负，否则迟早会变成奴才。

我曾经在一个场合,看到一个爸爸独自带着三个小孩吃饭,妈妈不晓得有什么事情不在。那个爸爸像讨好似的对小孩子说,我们现在吃饭好不好?这哪里像个爸爸呢?三个小孩各搞各的,根本不理他。爸爸要像个爸爸,否则家怎么齐呢?

中国人常常说父严母慈。爸爸过世了,叫先严;妈妈过世了,叫先慈。为什么爸爸一定要严,妈妈一定要慈?这当然有道理。因为妈妈整天跟小孩在一起,如果她再严,小孩就怕她,可能就跑到外面去,有话也不敢跟她讲,所以妈妈一定要慈。妈妈慈的话,小孩才敢跟她讲话,敢在她面前表现。夫妇要分工,很多事情,夫子吉,妇人凶;很多事情,妇人吉,夫子凶。从这个六五爻,我们应该可以想到很多。

恒卦从初六爻开始,就一直都在教导我们,夫妻守恒,婚姻恒久的方法和道理。那么,如果我们谨遵恒卦的教诲,在付诸不断努力之后,是不是就一定能够实现恒长的婚姻呢?

上六爻辞(图72-6):**振恒,凶。**

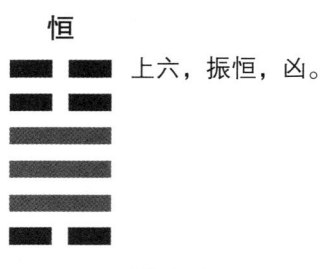

图72-6

我相信各位看了半天,会觉得恒本来是好事情,怎么老说凶呢?上六虽是当位的,但是它在上震的顶端,表示震的力量已经快没有了。恒极就不长,震到最后就不动了,就不能有所成,所以凶。

小象说:**振恒在上,大无功也**。上六虽然高高在上,但一点效果都没有,为什么?因为动是要有力的,可是阴柔在上,越来越没有力气,表示

第七十二集　天长地久

恒久已经快要丧失掉了。意思是告诉我们，恒也不可能长久。说难听一点，再怎么样好好去维持婚姻家庭，都难保不会有很重大的变故，把夫妻生生拆散。这种事例太多了。一对恩爱夫妻，丈夫突然来了车祸，除了无奈，还能怎么样？这种解释不是很好，因为不常见。最常见的是什么情况呢？就是看似婚姻恒久，家庭很富有，子女很有成就，老夫老妻也从不吵架。其实这里面有很大的问题，就是夫妻之间没有话讲。两个人搞到没有话讲，就是变化已经越来越小，恒常越来越多，那不就是凶吗？

很多人到了老年阶段，就认为婚姻已经恒久，再也无须变动，结果出现了凶的局面。那么，夫妻之间究竟该怎么做，才能实现真正的"恒久"呢？

我们总结一下，实现恒久有四个原则：

第一个，要刚上柔下，各得其位，才能持久。任何家庭，只要妈妈比爸爸厉害，整个家庭的家风就扭曲掉了。爸爸天天在家里畏畏缩缩的，儿子也会学爸爸，将来跟他一样，然后女儿就觉得自己以后也要像妈妈一样帮助养家。这样不但自己乱，而且下一代也会乱，一直乱下去。

第二个，风雷要互相帮助。好像水和鱼一样，彼此要相应，才有其乐融融的可能。否则只是相安无事，为了维持这个恒久，感觉自己牺牲很大，很多事情明明不愿意，却不得不为了顾全大局而委屈自己，那是没有意义的。

第三个，要彼此和乐。夫妻二人要感觉到这样下去对大家都好，才有意思。任何一方感觉到很委屈，那就像风雷不相与一样糟糕。我遇到过这样一件事情。一位先生过了70岁生日，跟太太讲：我尽力在维持我们婚姻的恒长，但是现在要跟你离婚了。太太吓一跳：平时不是很好，为什么离婚呢？他说：你不知道，我一直忍耐你，忍耐了几十年，该告一段落了。这绝不是好的结局。

第四个，巽而能动。家里面到底谁做主，我觉得现在可以商量，而不

是像以前那样一定要男的做主,女的服从。两个人相互商量,女方做主,男方就要配合,也就是一方一定要配合另外一方。我们现在不把它叫主从,因为主从太刻板,太僵硬。我们把它改成主伴,你做主,我陪伴。其实最好的办法还是某些事情先生做主,太太陪伴,某些事情太太做主,先生陪伴。

一定要记住,恒就是大家在互动的动态中找到平衡点,随时发现问题,解决问题。所以在恒的情况之下,我们马上要想到,下面那一个卦叫遁卦。遁卦到底是退,还是躲呢?当然不是躲。所以下一集,我们来讲:退隐山林。

易经的智慧・第七十三集　退隐山林

在人人争先，不进则退的现代社会，退对于某些人来说就意味着落后，甚至被认为是懦弱的表现。然而，古人云：退一步海阔天空，忍一时风平浪静。在《易经》中，就有一个鼓励人们适时退避的卦——遁卦。那么，退的真正含义究竟是什么？一旦要退，我们又该注意哪些问题？遁卦又包含了怎样的进退之道呢？

第七十三集　退隐山林

我们放眼看大自然的种种现象，有起必有落，有升就有降，有始就有终，有得必有失。这是自然的循环过程，不是人力所能够改变的。可是很多人就是要得不要失，要起不要落，要进不要退，这分明是在自寻苦恼。所以我们一定要勇敢地面对这种自然的变化。

《序卦传》说：*物不可以久居其所，故受之以遁，遁者，退也*。这句话就在提醒我们，天地是恒久的，但是所有人和物都是短暂的。比如树木，从开天辟地到现在一直都有，而且几千年以后可能还有，但有没有一棵树，可以像天地那样长存？当然做不到。树木越古老，人家越想砍，因为它是很难得的木材。我们要了解，长长久久的是天地，而不是人世间的事物。一个人能活多久？一件事情能够兴旺多久？即使是钢筋、水泥的房子，又能撑多少年呢？物是随形而生灭的，所以物不可以久居其所，故受之以遁。遁就是遁卦。遁卦是什么意思？《序卦传》讲得很简单：遁者，退也。

《老子》有云："功成，名遂，身退，天之道。"意思是说，一个人在功成名就之后就应该退位让贤。然而，处在遁卦的形势下，似乎又另当别论。此时的小人虽被君子所压制，但也存在着反弹的可能。那么，面对这样的局势，君子是不是还要退呢？遁卦所强调的"退"，究竟又有何深意呢？

先看遁卦的卦象（图73-1），上面四个阳爻，下面两个阴爻。就算阴爻代表小人，那也不过只有两个，四个阳爻代表君子，难道还压制不了两个小人吗？这值得我们去思考。想想看，山上有天，当云雾笼罩山顶的时候，天跟山看起来是连在一起的，这时候山顶是看不见的。好像天退避了。天一退避，大家就知道，原来山是很矮的，真正高的还是天。这是什么意思呢？就是说君子看到小人出现的时候，也要给他机会，让他去表现。如果他能够改邪归正，走出一条正道的话，那不是很好的事情吗？干吗一定要把持住呢？

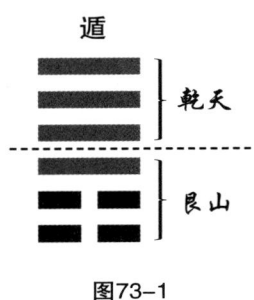

图73-1

古代的皇帝一旦登基，就要做到死，这就是没有懂得遁卦的道理。皇帝年纪大了以后，脑筋不清楚，下面人搞鬼也不知道，等到发现的时候，这个朝代已经被搞垮了，这样的史实，我们看过的太多了。

人要退休，但退休不是放弃，而是要想想该如何安排接班人，这样才有办法生生不息。既然遁就是退，那为什么不叫退卦，而叫遁卦呢？就是告诉我们退不是逃避，不是退让，也不是自命清高，觉得自己的责任完成了，该交给别人去做了。遁绝对不是消极避祸，任何人都没有资格消极地避祸。一个人要积极地应对，叫作止健。止健的意思就是说，君子大可以把小人整个消灭掉，但是那样会影响整个社会的风气，所以不可以。

小人会斗君子，如果君子也在斗小人，那斗来斗去都是小人了，这一点才是我们要真正、不断地去思考的事情。迂回的进取跟消极的退让，是不一样的，所以当君子退让的时候，绝不可以说，好，你们小人要恶搞是不是，我就让你们去搞，那君子也就变成小人了。一个人跟小人斗，他就变成小人了，退让同样是小人，那该怎么办呢？很简单，就是远小人，让小人去试试看，如果他得到位子以后，会改邪归正，那也无所谓，因为做

第七十三集 退隐山林

一个君子,功成不必在我,只要能把这个治理好,谁来治理都一样。所以,现在君子保持适当的距离,看小人怎么弄,弄得好,就退,也乐得退;弄不好,再转过来,照样有生机。这样的话君子就能够进退裕如,这才叫作遁。

遁卦的卦辞(图73-2)说:遁,亨,小利贞。

图73-2

君子在适当的时间退避,对自己是亨通的。"小利贞",是什么意思呢?"小"在这个卦里指的是初六和六二两个爻,代表小人。既然君子把表现的机会让给他们,让他们有这样一个发挥的舞台,那小人就要正正经经地去表演,要守正,才能小利贞。

荀子曾说:"君子贤而能容罢,知而能容愚,博而能容浅,粹而能容杂。"正是因为有"大肚能容天下事"的气度,曹操才会一把火烧了将士的忠信表,饶恕过错;李世民才会重用太子旧臣魏徵,不计前嫌。然而,宽容虽然值得提倡,但也要有一定的原则。那么,这个原则究竟是什么?遁卦的彖辞,又会给我们怎样的忠告呢?

遁卦的彖辞说:遁,亨,遁而亨也。刚当位而应,与时行也。小利贞,浸而长也。遁之时义大矣哉。

"遁,亨,遁而亨也",这个很有意思。因为遁了,才会亨;如果不遁,大家都僵在那里,怎么会亨呢?那遁了是去干什么呢?潜遁以待来日。

大家想想看,当一件事情很好的时候,怎么会变坏呢?可事实就是变坏了,这是谁的责任?中国的历史,治世不多,乱世很长,然后我们就开始怪小人了,说都是小人把君子逼走了,所以才会乱。小人当道,君子受害,这是一直到现在还存有的看法,其实这就是没有读懂《易经》的道理。我们希望各位了解,朝代的衰亡,君子要负很大的责任,因为君子纵容小人,给他机会,让他可以为非作歹,那还怪谁呢?所以当发现小人当道以后,要懂得如何去遁,如何去调整自己,这样才会亨通。

"刚当位而应",是指九五看到这种状况,就要发挥它的那种当位而且正道的精神,来跟六二相应。这是很奇妙的。六二明明是小人,九五为什么要跟它相应呢?因为六二今天会出现,九五也有一部分责任,所以九五还是要跟六二合理地互动,既不能把六二当朋友,否则一当朋友就会同流合污,也不把六二当敌人,因为一当敌人九五自己也变成小人了。"与时行也",要顺应时世来做自我调整。

"小利贞",要让那些小人自己去反省,对照君子的为人处世来做调整,这样大家就会走上一条可以共存的路。"浸而长也",浸,渐渐的意思。不要看现在阴的势力很小,只有初六跟六二,可是当它们渐渐增长的时候,整个局面就变了。各位想想看,如果九三爻变成六三爻(图73-3)的话,遁卦就不见了,就变成否卦了,这个改变是很严重的。所以君子要退也要有退的方法,而不是说退就退,说走就走。

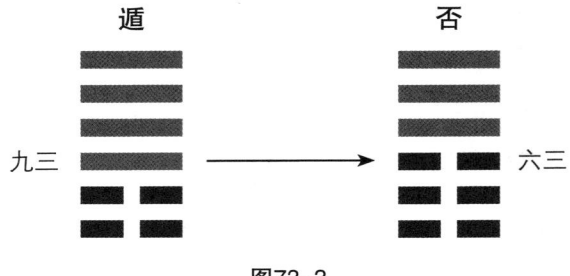

图73-3

"遁之时义大矣哉",遁卦跟时的配合是很要紧的。该退才能退,不该退就不能退,要配合时世的需要,这才叫作时义。

第七十三集　退隐山林

从古至今，中国人一直很看重"时"。正所谓时移世易，世事随时而改变。无论做任何事，都要抓准时机，这也正是遁卦象辞所强调的。那么，除此之外，遁卦天上山下的卦象，又会给我们以怎样的启示呢？

现在很多人，往往不知道什么是真的，什么是假的。我们总认为钱财是真的，名位是真的，权力是真的，往往等到临终前才恍然大悟，原来这些都是空的。不管一个人有多少钱，都带不走一毛。到那个时候才懂得这些道理是不是很枉然？其实还有一种人更枉然，就是至死不悟。可见人要悟到什么是真的，什么是假的，什么是实的，什么是空的，是非常不容易的。

所以，遁卦的大象用这样的方式来启发我们：**天下有山，遁。君子以远小人，不恶而严**。这是站在天的立场来讲的，所以说天下有山。我是个君子，而且居高临下，要对付两个小人，绝对有力量，可是我现在却要退避。为什么？因为下卦是两个阴爻一个阳爻，很显然阳爻的势力已经不如阴爻。当大权旁落在小人手上的时候，君子就要小心了，因为说不定真的斗不过小人，那还不如避而远之，这就是君子以远小人。

下面那四个字很重要，叫作"不恶而严"。君子在小人得势的时候要采取明智的做法，避免被小人迫害，当然，君子的这种修养也是很难的。君子虽然要保持严肃的态度，守持正道，但是也不必表现出讨厌小人的脸色，否则小人就可能名正言顺地攻击君子。君子也不能疾恶如仇，否则君子跟小人就没有两样了。君子要自重，虽然远离小人，但还是希望小人凭良心做事，知道适可而止。只要小人能适可而止，君子就发挥自己的影响力，把舞台让给小人，其实也无所谓。所以读了遁卦之后，我们才能够很清楚地了解孔子为什么要远小人的用意。

在遁卦中，君子之所以退位，是因为形势的需要，同样，一个企业也要根据外部环境的变化，对企业原有的体制、运行模式等进行适当调整，将其转变为符合当前时代要求的新模式，这就是所谓的转型。企业要转型、家庭、个人同样面临着转型的考验，那么面对不同的转型，我们又该

注意哪些问题呢？

任何企业不转型，一段时间之后问题就会一大堆，任何家庭不调整，也会问题重重。当两个人结了婚以后，要想想为什么恒卦后面是遁卦，就是当日子太好过的时候，最后就逼得我们要么退让，要么调整。说到底，最好的办法就是赶快转型，就这么简单。

孩子小的时候，父母要怎么样做呢？比如父母陪孩子看电影，就要告诉他在电影里面，好人有时候很坏，坏人有时候很好，并不是说好人一定好，坏人一定坏。如果父母没有做这项工作，孩子会认为好人就是好人，坏人就是坏人，这对他的影响是很不好的，因为他将来会一天到晚跟父母讲对错对错。

孩子差不多大了，每次看电影回来跟父母讲看了什么电影，感觉如何时，父母就要告诉他，有些事情，不完全像电影里面那样。看电影这种事情都要培养，更何况其他事情呢？过一段时间就要问他，觉得有什么变化，这个转型要逐渐地，一步一步地来，不能突变。

我曾经告诉一些十几岁的小孩子，特别是小女孩，我说：你今年生日的时候，写一封信给自己。她说：写给我自己干吗？我说：没关系，你就写给未来的自己，比如写给十三岁的你，到那时候你会怎么样，想到什么就写什么，然后把它存起来，等到十三岁生日的时候，再打开看一看，你一定有很多感悟，觉得那时候的很多想法跟写信的时候差别很大，然后就知道这里面有哪些是对的，哪些是错的，怎么样去调整。接下来，再写一封给十四岁的自己。这样你自然就慢慢转型了。

大人自己也要想想该怎么样转型，千万记住，任何事情没有一帆风顺的。一个人随便走，走到海边，就没有路了，碰到高山，也一筹莫展。但是我们必须要了解，路是人走出来的，不是老天安排的，所以我们就要事先去想自己三年之后会怎么样。我常常劝很多总经理，让他们想想公司五年之后会怎么样，而不是明年如何。开车碰到死巷，转弯就很难了，方向错了要及早掉头，这都是遁卦告诉我们的道理。

人没有办法十全十美，任何一个组织，总有松动、变动的时候。连山

第七十三集　退隐山林

都会变动，发生滑坡、泥石流等灾害。如果等到变动的时候，再采取行动，经常是来不及的，而且还会造成很多伤亡和损失。如果我们事先知道，山的这一部分是石头，发生问题的可能性比较小，而那一部分土质比较稀松，发生滑坡等问题的可能性比较大，所以尽早做好预防，就能减少很多突发的灾难，这也是遁卦给我们的启发。

因此，我们要站在不同的层次来了解，怎么遁才会遁得合理，遁得没有后遗症，这就要逐爻来分析。如果我们从整个卦形，以及各爻之间的关系，来配合社会上所发生的事情，就会很容易地看到随时都有遁的情形存在。一个人一定要勇敢地面对遁。所以，下一次我们就接着讲：全身而退。

易经的智慧・第七十四集

全身而退

你是否因一时的犹豫而错过了转型的最好时机？你是否因眼前的利益，而放弃了未来发展的种种可能？你是否因即将退出事业的舞台而百感交集？面对人生中的进退得失，我们究竟该如何选择？在人人争先，不进则退的现代社会，不同的选择又会产生怎样的结果？透过遁卦六爻，我们又能从中获得哪些启示？

第七十四集　全身而退

我们现在从遁卦的六个爻来分析一下遁的道理。首先看初六爻，爻辞（图74-1）是：**遁尾，厉，勿用有攸往。**

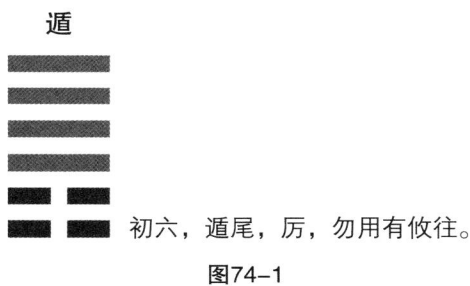

初六，遁尾，厉，勿用有攸往。

图74-1

"尾"，就是在后面的意思。遁的时候你跟在尾巴上，自然是有危险的。要洞察先机，在人家还没有遁之前先遁，那就领先了。看到时机不对，要赶快转型，跑到前面去。所以如果某个行业不行了，大家都想改行，改得越早的人，时机越好，越容易成功。改得越晚，就越吃力。

一个老板曾经跟我讲，他就是要坚持做这一行，如果非要改行的话，也要等到同行统统都走了，他最后一个走。请问各位，他这样对不对？其实是对的。那不是矛盾吗？不是。跑在后面，本来是很危险的，但是"勿用有攸往"，就是告诉我们，既然跑在后边，说不定跑不掉，那干脆不跑了，这样反而会有转机。

举个例子，以前我们都用纸做的雨伞，现在还有几个人用纸雨伞呢？那是不是纸雨伞这个行业就整个没落了？也不是。那个守在那里一辈子做纸伞的人，就把它变成了装饰品。大家纷纷买回去当纪念品，这样反而卖得更贵，这就是"勿用有攸往"。

初六小象说：**遯尾之厉，不往，何灾也**。大家都跑的时候，跑在最后面的那个人，就很容易遇到危险。可是如果不往，就是干脆不跑，反而没有灾难。

古人在乱世的时候，大家到处逃命，但是能逃到哪里去呢？有很多的人就是隐藏在市井里面，等战乱过去了以后再出来。这些人是消极吗？当然不是。这叫作守时待命。

兵法有云：三十六计，走为上计。尤其是在形势对己十分不利的情况下，及时抽身，保存实力，才有可能找到胜利的转机。然而要做到全身而退，却并不容易，那么又会有怎样的阻碍，在等待着我们呢？《三国演义》中，一时寄人篱下的刘备，最终又是如何摆脱曹操掌控，逃离虎口的呢？

接下来，六二的爻辞（图74-2）说：**执之，用黄牛之革，莫之胜说**。

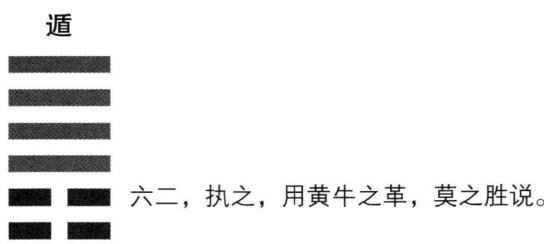

图74-2

"执"是什么？就是绑在一起。六二跟谁绑在一起？当然是跟九五。用什么绑呢？黄牛的皮。"革"，就是皮的意思。为什么用黄牛的皮，而不用别的东西？因为黄牛的皮又牢、又柔、又嫩、又有弹性，不容易断掉。

"莫之胜说"，"说"，在这里是脱离的"脱"。六二用黄牛的皮把自己跟九五牢牢地绑在一起，谁都没有办法脱离掉。因为六二也知道，就整体而言，九五还是很重要的，它又跟九五阴阳相应，六二当位，九五也当位，如果两个都走正道，就算结合在一起，也没有什么不好的。

所以小象说：**执用黄牛，固志也**。六二很坚定地跟九五一起，九五怎

第七十四集　全身而退

么做，六二就跟着怎么做，自然也就变好了。所以不要认定六二永远是小人，要给他机会，让他有变成君子的机会，这才是君子的风度。

九三的爻辞（图74-3）是：**系遁，有疾厉。畜臣妾，吉。**

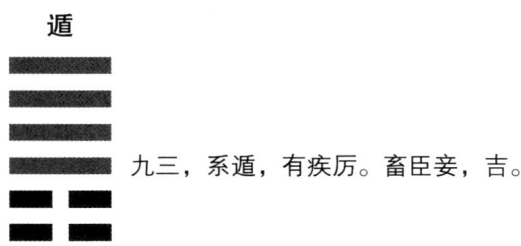

图74-3

"系"，就是心有系念，放心不下的意思。大家有没有发现，九三想逃、想走，可是心里头又放不下。放不下什么？就是好不容易来到这个地位，要一下子放弃，总会有一点舍不得。虽然九三跟上九不相应，但是下面的六二和初六常常奉承九三，它觉得虽然该走，但是目前的状况好像对自己越来越有利，那又何必走呢，留下来不是更好吗？正是因为九三这种舍不得，所以才有疾厉，就是有很厉害的危险。

我们看到三国时候的刘备，无处安身，跑来跑去，居然跑到曹操那里去。实际上曹操对刘备，一方面捧他，一方面还要控制他，因为曹操知道刘备这个人不简单。刘备也知道，跟曹操在一起，日子是不好过的，所以只要有机会他就准备跑，可是又心有所系。系什么？就是好不容易被汉献帝认作是皇叔，皇叔怎么能说跑就跑呢？再加上有了这么一层关系，很多事情更好做了，所以他也舍不得跑。但是刘备也很清楚不跑更危险，曹操不会轻易放过他。那怎么办？就是"畜臣妾，吉"。意思就是做做小事情，不要大张旗鼓，否则就不好了。什么叫大事？就是刘备开始暗地里去拜访一些人，准备一起联络起来把曹操干掉，然后恢复汉献帝的权力。这样一定有疾厉，一定非常危险。

所以小象也这么说：**系遁之厉，有疾惫也。畜臣妾，吉，不可大事也。**

此时的刘备虽有灭曹之心,但毕竟实力不足。为了消除曹操的戒心,刘备除了种菜,根本不问国事,以致遭到关羽、张飞的误解。然而,正是因为这一时的隐忍,刘备才能在煮酒论英雄之时全身而退,顺利摆脱曹操的掌控。可见,只要遁得适当,就能化险为夷。那么,如何才能达到上卦所说的好遁、嘉遁、肥遁的境界呢?

九四的爻辞(图74-4)是:**好遁,君子吉,小人否。**

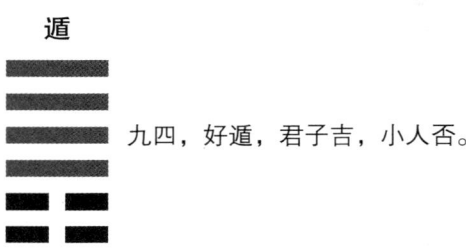

图74-4

到了上卦,就进入到乾卦了。"九四,好遁",什么叫作好遁?好遁有两个意思,一个是说我喜欢遁,我了解转型是必要的,而且要及时去转型,所以我就喜欢转型。另外一种是说,我舍得把自己本来很喜欢的东西丢掉。为什么"君子吉,小人否"?君子能够做到好遁,所以就吉祥,而小人做不到,所以就否。

九四小象说:**君子好遁,小人否也。**君子能够舍得,该转型就转型,而且慢慢地有了这些经验之后,他会习惯于转型,喜欢转型,自然就吉祥了。小人呢?他还是舍不得,既然有这么好的状况,为什么要转型呢?所以他依旧保持那样的局面,就不可能吉祥。

九五的爻辞(图74-5)说:**嘉遁,贞吉。**比好还要好,才叫嘉。"嘉遁",就是遁得很漂亮,当然我们也不能把它叫作尽善尽美,但最起码已经是美的了。为什么会贞吉?就是因为九五知道不能恋战,该退就要退。既然我们要做的事情,有人能够继续下去,干吗非要自己做到底呢?

第七十四集　全身而退

图74-5

老天帮我们安排好了，人要工作，要休息，到了年龄就应该退休。退休以后，可以培养自己的兴趣，活到老学到老，这是可以的。但不是说活到老，就要工作到老、到死。很多人就是看不开，非要死死抓住已有的权力，抓住自己开创的事业，认为交给别人就是不放心，最后把整个公司都拖垮了，这就是不懂什么叫作嘉遁。

九五小象说：**嘉遁，贞吉，以正志也**。"正志"，就是端正的心志。只要事情能够做好，不一定非得亲自出马，如果不让自己做，也可以过得很快乐才是好的。看看历史，陶渊明的田园之乐，柳宗元的山水之乐，他们都懂得人生本来就是充满忧患、起起落落的，很多事情本就不是人自己可以掌控的。其实我们应该这样想，自己可以做的时候，不要推辞，别人做的时候，自己也很愉快。反正事情不一定非得自己来做，别人做了，自己还省省事，落得清闲自在。这就叫作嘉遁，真正懂得遁的要领，也就能够享受到遁的乐趣了。

遁卦告诉我们：功成不必在我。只有保持这样的心态，才能退得安心。然而，当一个人退休以后，一些后遗症就会慢慢浮现出来。人走茶凉的情况更不免让人伤感。那么，上九爻辞所说的肥遁，又属于哪一种情况呢？

上九的爻辞（图74-6）是：**肥遁，无不利**。

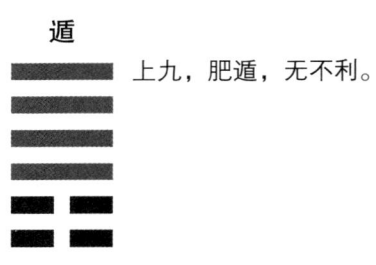

上九，肥遁，无不利。

图74-6

如果说九五是任期已满而退休，交接得很顺利，所以贞吉，那么上九就可以说是退休了一段时间以后，大家还抓不住他的把柄。肥遁是很形象的，就是他在那里摇摇晃晃，谁都想抓他的把柄，他当然很逍遥自在。

上九小象说：肥遁，无不利，无所疑也。"无所疑"，一方面是人家对自己没有怀疑，另一方面是自己心里头也没有什么顾虑，不用整天担心别人是不是又抓住自己什么把柄了。

遁卦上卦中，九四的好遁不如九五的嘉遁，九五的嘉遁不如上九的肥遁。如果把遁卦跟我们的现状来对照，应该可以悟出很多道理。假定说我们把六二稳住了，这样慢慢地也就把初六改变了，就整个局面来说还是相当有未来性的，又何必一下子都跑掉呢？要知道，上台容易下台难。上台是靠机会的，六二也好，初六也罢，只要有人提拔，马上就能得到提升。可是下台就要靠智慧了，现在很多人当了总经理以后，下不了台，不是被关去坐牢，就是被人家索命，就算跑到国外，也可能被引渡回来。像这些情况，我们在遁卦里面，应该得到很多启发。

一个人到了职位很高的时候，就要开始安排如何退，这样才能实现好遁、嘉遁、肥遁。如果恋战，舍不得这舍不得那，迟早会觉得不是下边人逼自己，就是外边给自己很大的压力，要不然就是自己精疲力竭。所以，基层的人要一步一步来，才能走上正道；高层的人，要做好退的准备，才能有好的结局。我们整个的遁道就是在讲如何全身而退，这是非常不容易的事情。

看完遁卦以后，我们要记住三点：

第七十四集　全身而退

第一点，不管遭遇到什么变化，都要培养自己的浩然之气。上台受人欢迎，下台也要全身而退。

第二点，人有进有退，这是常态。今天有升官的机会，也不要太高兴，因为升得早不见得爬得高，应该好好珍惜、好好做。如果人家升得比你快，你也不要气馁。人生是长期的竞赛，不是百米比赛，何必计较一时呢？

第三点，就算所有的人都长进了，而自己退步了，也应该心安理得，因为已经尽力了。

面对人生的进退得失，我们往往缺乏长远的眼光和豁达的胸襟，不以物喜、不以己悲的思想境界，又有几人能够达到呢？在人满为患，竞争激烈的今天，很多人开始向往远离尘嚣，隐退山林的悠闲生活，然而，"隐"的真正含义又是什么呢？古人云：小隐隐于野，大隐隐于市。那么，对于现代人来说，哪一种隐才最切合实际呢？

我们不要一看到遁，就想到退隐山林。一句话，到山里面去干什么？修身养性。我们在外面跟别人整天斗，或者弄得大家不愉快，谁看到我们都怕，或者我们看到谁都讨厌，那只好退隐山林，好好修养自己，试着跟树木去沟通，跟自然去协调。然而过一段时间之后，我们还是要出去，还是要跟人群相处，所以真正的遁并不是逃避，而且也无从逃避，尤其现在人那么多，就算跑到天涯海角，还是有人。所以真正的修行是在人群当中，而不是躲到山里面去。我们有一句话叫大隐隐于市，意思是要在人群当中懂得进退，而不是那么明显地进就进到大家都怕，退就退到使自己很寂寞，这都是不懂得什么叫作遁卦。

要知道人是有感情的，感情是会变化的，就算彼此沟通，彼此了解，也没有办法保证未来一定很平顺，因为外面还有很多因素会干预到自己，而这些始料不及的变化并不是人力所能控制的。之所以在恒卦之后出现一个遁卦，就是在提醒我们，时时有变化，要及时做好阶段性的调整。及时

的"时"很重要,太慢了很累,太快了别人看不懂,也很难配合。调整一定要合理,要根据阶段性的变化,做出合理的调整。人家看不懂的,要去沟通,人家不能配合的,要去带动。用整体的同心协力,把遁道走好,靠的是始终不变的浩然之气。

遁卦的综卦是大壮卦,一个人遁得好,调整得好,就有大壮的迹象。所以下一次我们就接着讲:大壮之道。

易经的智慧·第七十五集 大壮之道

从古至今，人们都希望自己能够有所发展、不断壮大。而在《易经》里，就有一个关于如何壮大的卦象——大壮卦。但是大壮卦却提醒我们，并不是所有的人或事都适合壮大。那么，大壮卦究竟包含着怎样的神妙玄机？在我们辛辛苦苦发展壮大后，又该怎么做才能保住成果，避免走向衰败呢？

第七十五集　大壮之道

《下经》一开始就告诉我们，单打独斗是不成气候的，人必须合群，怎么合呢？用感情来合。但是，人毕竟有不同的成长背景，大家在一起有一个蜜月期，这个时候什么都好谈，一切都能相互包容。可慢慢地就开始有了一些不同的看法和分歧，所以用感情来维系一个团体的恒长，就一定要立一些规矩。但是，规矩定了一阵子以后，又不实用了。所以很多人说，中国人只有五分钟热度。这是什么原因呢？就是内外环境不停变动，如果一直坚守死板的规矩，最后一定不能因应环境的变化。

因此，我们有句话说，维持现状就是落伍。可见是不能维持现状的，所以才会出现遁卦。遁卦就是说不管一个人再怎么好，都要做一些调整。调整得好，马上就是大壮。

我们先看大壮卦的卦象（图75-1），它是四个阳爻，两个阴爻。为什么三阳叫作开泰，四阳就叫大壮？大，有太的意思，就是太壮了，过分壮了，但是还没有到太过的程度。上面四爻、五爻、上爻本身就是一个震卦，光是震卦那一阳爻的力量就足够发生很大的震动，何况现在还有三个阳爻在后面支持它。可见这个雷是声势浩大的。如果打雷是为了唤醒万物，让它们苏醒，让它们有生机，可以蓬勃发展，当然是好的。可万一雷把大树折断了，把什么东西都打坏了，就糟糕了。

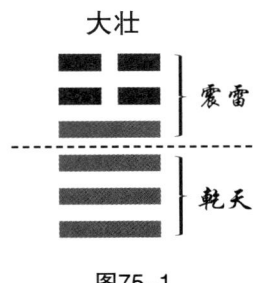

图75-1

圣人看到四个阳爻的状况，就告诉我们，要适可而止。所以《序卦传》说：**物不可以终遁，故受之以大壮**。

任何事物都不能一天到晚调整。现在人求新求变，一天到晚不停地变，变来变去的结果就是越来越糟。我们有一句话，叫作滚石不生苔，石头滚动得太厉害的话，连苔藓都长不上去。所以，任何事情只能做阶段性的合理调整，一天到晚要求变来变去，就表示根本不成熟，而且变的力量也积累不起来。物要调整，但不能老是调整，把握住合适的机会，才能让它壮大起来。"故受之以大壮"，就是说摸索到最后，知道在这个阶段怎么做最好，然后就可以得到很大的发展和成就。

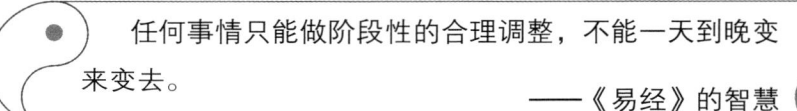

任何事情只能做阶段性的合理调整，不能一天到晚变来变去。

——《易经》的智慧

合理的调整，虽然有助于事物的发展壮大。但是当壮大到一定程度，人类自身无法摒除的一些恶性隐患，就会随之显现出来，开始阻碍甚至阻断事物的发展壮大。那么，这些隐患是什么？从大壮卦的卦辞中，我们又能找到哪些破除隐患的方法呢？

大壮卦的卦辞（图75-2）很简单：**大壮，利贞**。

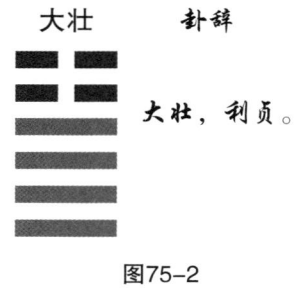

图75-2

按照《易经》的惯例来说，只要合适，就会得到好处，只要走正道，

第七十五集　大壮之道

就会继续发展。有人说这不是跟大壮一点关系都没有吗？当然不是。在大壮声势浩大的时候，没有什么合不合适的问题，它一定是合适的，否则怎么会大壮？所以这里少了一个字，大壮应该是"大利贞"，但是故意把这个"大"字省略掉了，为什么？因为不能这样写。如果一看到大壮，就觉得大利贞，那一定完蛋了。因为当声势浩大的时候，人一定犯两个毛病，第一个是狂妄自大、目中无人，什么都不放在眼里；第二个是轻视别人，认为别人不能跟自己比。个人不谦虚，整个团体不知道改进，只有死路一条。所以这个"大"不是漏掉的，而是非省掉不可。

卦辞提醒我们，不能有大的观念。一个人太壮了，就是阳亢，阳亢到晚上都睡不着，最后就虚了。身体好的人不见得长寿，因为他总觉得自己很壮，爱怎么做怎么做，感觉不到累也不知道休息，最后身体可能一下子就崩溃下来了。所以在大壮的时候，千万要记住什么叫作利贞，就是守持正道，才能保持壮大的发展势头。

大壮卦的卦辞提醒我们，不论做人还是做事，都要把握住一个"度"。但是当我们获得成功，身处大壮的状态中时，难免会被冲昏头脑，开始过度膨胀。那么，我们究竟该怎样做才能时刻保持清醒，避免走上物极必反的道路呢？

大壮卦的彖辞说：*大壮，大者壮也。刚以动，故壮。大壮，利贞，大者正也。正大，而天地之情可见矣。*

"大"，就是阳的意思，阳爻居多，所以声势很壮大。前面讲到了四个阳爻，圣人就提醒，不能再阳刚了。我们又想到一句话，叫作事不过三。初九、九二、九三都是阳的，再稍微超过一点点就已经过三了，所以要谨慎。大壮卦的卦主不是六五，而是九四。因为九四会把所有这些阳刚的力量压制住，不让它们继续往上走。这是非常不容易的事情，因为到了那个时候，一定会带头冲的，哪里会叫大家停止呢？虽然四爻只占到全卦的三分之二，但是它已经在提醒我们，太壮了，要小心了。

"刚以动",下乾三个爻都是阳的,当然是刚。上震两个阴爻一个阳爻,也是刚的。上下都刚,而且上下都动,老实讲这是高度危险的。大家可以看到,一个国家很强盛的时候,会出现很多问题。外面的人不仅非常怀疑,还会认为既然这么好,肥肉这么多,干吗不趁机抢一块?里面的人也是一样的道理,这时候外忧内患会统统出现。

"大壮,利贞",什么叫作大?正才是大,不正就不会大。正,就是恰如其分,正当合理的意思。但是偏偏当一个人大壮的时候,要正是很难的。反而不壮的时候很容易正,因为没有别的办法,势力这么小,讲话没有人听,不正又能怎么样呢?有权有势之后,人就很容易唱高调,讲些乱七八糟的话,很难保持公正。比如小孩乱讲话,我们会生气吗?不会。童言无忌,小孩不懂事,随便他讲。大人就不可以这样,否则乱讲话的后果很糟糕。"大者正也",就是当一个人壮大的时候,要保持正,这是高度困难的。

"正大,而天地之情可见矣",天地是有情还是无情?如果我们跟天地没有感应,天地就是无情的。如果我们跟天地有感应,天地就有情。也就是说当我们很正直、很强大的时候,我们跟天地的感应会越来越灵敏。但是很可惜,我们一直把"正大"解释得太僵化。

《彖辞》说"大者正也",越是实力强大的人,越应该保持正直。但是,是不是一切有能力变强大的人,我们都要全力支持他们壮大起来呢?

现在我们来看《大象传》:雷在天上,大壮。君子以非礼弗履。

"雷",本来是从地下出来的,力道不足,很快就没有了。如果雷很大,力道很足,一直打到天上去,那就叫雷声响彻天下。它要干什么呢?有两种,一种是万物接受雷的能量,壮大起来。另一种是破坏的力量,再大的树,雷也一下子把它毁掉。如果一个人长得又高又大,锻炼得很好,肌肉很强壮,那这个人好不好?我不晓得。尤其是现在,有很多人,一出来就亮胳膊给你看,说"一个胳膊顶你三个粗,你敢不听我的话吗",这

第七十五集　大壮之道

就是地痞流氓。还有的干脆把上衣脱了，让大家看，那就是猛男。靠这些来色诱别人，还算个男人吗？我们不能接受这样的东西。

自古以来，我们都比较欣赏那种"卖艺不卖身"的人，我们会给他们一些尊重。凡是卖身的人，不管男女，其实都很可耻，但是也不否认，有些人实在很无奈，因为除了卖身之外，无路可走。所以我们不能说卖身完全是错的，卖身葬父，也是孝的体现嘛，可见一切道理都是变动的。但是现在，妓女要走上街头，去争取职业的尊严，就很糟糕。以前妓女如果要走上街头，最起码把脸蒙起来。可现在还化妆，那我们就知道，当她们势力越来越壮大的时候，后果是非常可怕的。

君子看到"雷在天上，大壮"的状况，就告诉我们：非礼弗履。我们要做什么事情，哪怕力度再足，再有把握，也要想想它是不是合理。如果不合理，就不能去做，这才叫作有所不为，适可而止。

大壮为什么叫我们适可而止？就是当一个人声势浩大的时候，经常会不顾一切，所以要非礼弗履。"非礼弗履"，就是做任何事情的时候，要想想合不合理。这里有一股力量在支撑，我们把它叫作浩然之气。一个人，做完事情没有后遗症；另外一个人做了事情，后面问题一大堆，就是这个看不见的气在起作用。如果这个气是合理的，冲到哪里都不会伤害到别人；如果是邪气、暴气，那就要小心了，因为可能不管到哪里都会造成伤害。我们赞美一个人的时候，经常说这个人很大气。大气跟小气是相对的，大气是不能邪、不能暴的气，但是它又很壮，敢作敢为，这就是浩然之气。

君子要有所为，有所不为，心存浩然之气，才能免除后顾之忧。但是，我们与其花费心思去担心后期会出现什么问题，为什么不在前期就铲除所有隐患，从而避免后遗症的产生呢？

大壮卦四阳爻在下，两阴爻在上，表示阳的力道远远超过阴。如果君子的势力大大超过了小人，是不是应该乘胜追击，把小人全部消灭呢？

《易经》告诉我们那样行不通，如果要把小人赶尽杀绝，小人就会躲起来。等变成乾卦的时候，然后开始一个一个剥上来（图75-3），那我们就知道剥卦开始了，君子就糟糕了。

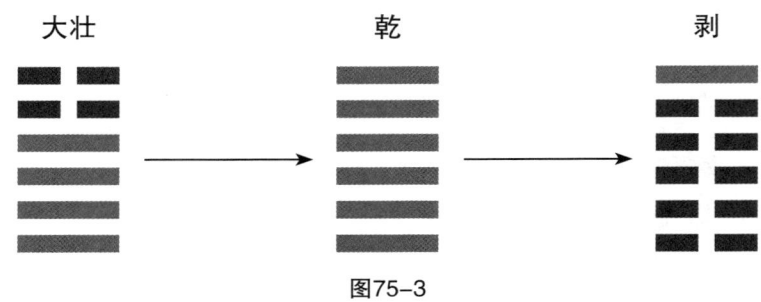

图75-3

一家很好的公司为什么会垮？就是因为过于阳刚。成绩好，待遇好，前途也好，又安全，又有保障，员工也很有荣耀感。那所有的人都想到这家公司来工作，这样老板的压力就很大，不管用什么方式去招考新人，都难免小人乘虚而入。

因此，大壮卦到了九四，阳已过中。好像太阳已经过了正午，一定是会斜下去一样，它会慢慢变弱，弱到最后就看不见了。大壮卦的名字也是从九四爻来的，就是说已经过了一半，不要再逼人家了。今天从市场角度来看，如果市场占有率超过三分之二，就是垄断了，那所有人非要把它搞垮不可。

当一个人声势壮大的时候，也许因为自己是正人君子，不会去欺负别人，但是瞧不起别人，却是难免的。他说自己很谦虚，可是人家看到他就觉得他好像自以为了不起一样。这样各位才知道为什么要以大事小，为什么要对那些不如自己的人更加亲切。大壮是我们所喜欢的，因为它是个很可喜的卦，可是它的六个爻的爻辞多半是很凶险的，这就是圣人了不起的地方。

大壮卦是备受人们喜爱的卦象，人人都希望自己能够发展壮大。但是壮大的方法和途径有所不同，那么，通过哪些方法达到的壮大，才是相对持久亨通的呢？

第七十五集　大壮之道

有一个小孩子，他跟我讲："我就是不想读书。"我说："你是不能读书吗？"他说："怎么不能读书？我稍微看一下，考试就及格了，不用太费力。"我说："既然这样，你为什么不想读书呢？"他说："我觉得我没有必要读书。"我说："你这是什么道理？"他说："我父母有的是钱，我还用去挣钱吗？所以我就不想读书。听听音乐，打打球，请朋友吃吃饭，大家都很开心。"我说："万一你父母百年之后，你怎么办？"他说："那我更不用怕，房子那么多栋，每半年卖一栋，比现在过得还好。"这就是富贵人家没有办法解决的问题。

孩子自己会看，会跟妈妈说："妈，我要买那个。"妈妈说："没有钱。"孩子说："没有钱你去领嘛。"妈妈说："到哪里领？"孩子说："当然是银行。"妈妈说："银行现在关门了。"孩子说："那个机器，把卡插进去钱就出来了。"他从头到尾都看得清清楚楚，父母还有什么好讲的？一旦给他造成了这种观念，他就完全没有上进心了。这样各位才知道为什么会一代不如一代。本来应该大壮的，也不壮了。

贫苦家庭的孩子，从小就知道生活很困难，他敢随便要什么东西吗？连想都不敢想，因为想也没用，只是自寻苦恼。他知道自己要早早出去挣钱养家，而挣钱没有那么容易，一定会受气。所以人家打他骂他，他都认为是为自己好，他不会生气，也没有权利生气。在这种环境下长大，他就能屈能伸，四方八面都很小心。这是从小养成的本领。

富家子弟最不能忍受的就是挫折。小小的一点打击都承受不了，人家给一个不好的脸色，他就回家哭半天，这种人还有什么前途？就算有前途，我们也很替他担心，因为他这么脆弱，爬得越高，将来就越危险。世界上的成功人士，大多是贫苦家庭出身。这样各位才知道，为什么凡是伟人的传记，多半会写一句话：出身贫苦。

孔子也告诉我们，不要怕吃苦。每一件事情都是对我们的锻炼，对我们的磨炼，让我们有更坚强的意志，而不是虚有其表的壮大。就好像树一样，哪一棵树长得比较慢，就比较结实。如果一棵树长得很快，你就知道它里面一定又虚又空。有些人很喜欢吹捧自己，说自己在美国花了一年就

拿到博士学位了。最好不要讲这种话,因为所有人都会觉得可笑,认为这种博士一定不扎实,一定是用不正当的方式才拿到的。

很多东西要一步一步来,才会很扎实。扎实的大壮,得之于谦虚,因为知道来之不易,要适可而止。很容易得来的壮大,都是虚有其表,名实不符,承受不了任何小小的压力,马上就垮下去了。所以我们要能够大壮得比较持久一点才好,要想做到这样,就要从《大象传》里面去了解,不合适、不合理的事情就不要做。

大壮卦六个爻都在高度警告我们:严防非礼。要好好地,很严格地去防范任何非礼的事情发生。所以下一集,我们就来讨论如何才能严防非礼。

易经的智慧・第七十六集　严防非礼

大壮卦象征强盛，代表着人们所向往的美好状态。但是大壮卦却提醒我们，盲目地追求大壮，很有可能会招致凶祸临头。那么，我们究竟怎么做，才能真正强盛起来？而当我们陷入困境、遭遇困难的时候，又该如何应对才能顺利渡过难关呢？

第七十六集　严防非礼

大壮是大家非常喜欢的一个时期，谁都希望过这种日子。但是每一个阶段都要小心翼翼，严防非礼。只要有点非礼，稍微不遵循礼的规范，就很容易出差错，不仅自己会受害，而且还会连累别人。

我们先看初九，初九阳居阳位，其爻辞（图76-1）是：**壮于趾，征凶，有孚**。

图76-1

百米赛跑的人，他会站着开跑吗？不会。他会蹲下来，这时候他的重点在哪里？就在那个小趾头上。所有的集中力都放在脚指头上面，然后出去，第一步才能领先。"壮于趾"，"趾"就是小趾头，是全身的开始。脚的小趾头都充满了注意力，然后一动就比人家快。但是人生不是跑百米，而是长途竞赛，在大壮的时期，全身充满了精力，甚至连脚趾头都是说动就能动的，但却征凶，这是什么意思呢？求上进是没有错的，可是太猛了，虽然时机大好，但本身条件不够，如果一下冲出去，当然有凶险。"有孚"在这里的解释是必然如此。虽然形势大好，但地位卑下，自身条件有限，如果自不量力冲得很猛，必然凶祸临头。这告诉我们，年轻人初出茅庐，最大的忌讳就是自负。

  那些名牌大学毕业的学生一般有三个特点：一是自负，二是逞强，三是锋芒毕露。他们往往认为自己是名牌大学毕业的，成绩也好，又师从名宿，于是就很自负。自负就会逞强，逞强的时候不管对方是谁，什么事情，都满口答应，因为他们觉得很有信心。然后锋芒毕露，锋芒毕露是年轻人一辈子痛苦的根源。想想看，一个人初出茅庐，又锋芒毕露，非常容易招惹很多打击。要知道，中国人不会欺负弱者，专打强者。以为自己了不起，其实是到处自找麻烦。

  最近有个世界级的名人到我们这儿来，他说中国年轻人的世界观、价值观、人生观会在中国社会发挥很大的作用。这就是完全不了解中国社会。在美国这样没有错，因为美国是年轻人做主，所以他们没有什么深度。在中国社会，坦白讲，一个人再能干，条件再好，只要上面的人不提拔他，他就很辛苦。我很诚恳地请各位去想一个问题：到底是有人提拔比较好，还是靠自己努力比较好？太简单了，只要是考试，我们一定说要靠自己，不能靠人家提拔，否则就是看轻自己了。但是我们的内心一定会想当然有人提拔比较好。自古以来，我们就说朝中无人难做官。

  初九就是这样，初九的前途完全是看卦主——九四赏识不赏识。赏识的话，它就有前途；不赏识，它最后会感觉很委屈。可是初九要得到九四的赏识，一定要看看九四喜欢什么样的人。九四本身是阳居阴位，刚中有柔，它不喜欢过刚。现在初九很显然阳居阳位，如果不能适当地控制自己的话，一定冲得快，任何事情答应得快，完成得快，这跟九四的作风就不相融，那当然凶。"征"，就是跑得快，跑得积极，就更凶，这是逃不掉的命运。

  一个人要有勇，但是不要轻易用勇。小象说：壮于趾，其孚穷也。"孚"，也含有信用的意思。如果一个人说自己很有把握，又答应得很快，而且马上去做，他的信用迟早会破产。这就是我们常讲的"凡轻诺者，必寡信"。这种人虽然不是存心骗人，考虑来考虑去，觉得这种事情没什么难的，于是满口答应，最后才知道做不成。不是这种人没有信用，但是最后会让人家感觉到没有信用。"穷"，就是走不通。动辄得咎，走

第七十六集　严防非礼

得越快，人家打击得越大，这样怎么能走得通呢？

初九爻提醒我们，不要盲目地向前冲，这样不仅容易行不通，还有可能会凶祸临头。那么，我们究竟应该怎么做，才能既不会错过好时机，又能获得吉祥的好结果呢？

九二的爻辞（图76-2）很简单，就两个字：**贞吉**。

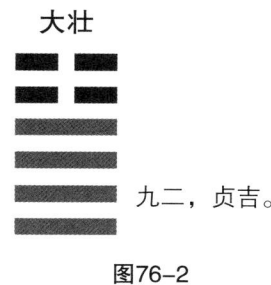

图76-2

九二是不当位的。有时候不当位反而好，一个人本身很刚，而他的位置是柔的，于是就刚而能柔。刚而能柔就是我们平常所讲的内方外圆。由于他本身是刚的，所以他很固执，很坚持自己的原则，可是既然大家希望他圆，那他外面就圆一点。有人说这样不是不诚实吗？当然不是，我们中国人把它叫作圆通。

圆通就是有原则地应变。很可惜，长久以来，我们大多数人不懂得什么是圆通，反而把圆通看成是圆滑，甚至还有人说做人要圆滑一点，这都是很糟糕的观念。中国人最讨厌的就是圆滑，但是不圆的话，又会伤害自己，伤害别人。所以做人要圆通。那么，圆通要靠什么？靠修养。不是说一个人有能力就要表现，不管什么情况都要坚持原则，这不是圆通。

我举个例子来说明。朋友聚会，你不喝酒，但是你能不能一坐下来就把杯子收掉，说自己不喝酒。如果你这样做，所有人都会灌你酒。如果你怀着平常心，把酒杯放那里，别人要斟就让他斟，大家反而不会去注意你，你就不会惹来麻烦，这就叫修养。你不喝酒是你的事，干吗告诉别人？

所以贞,就吉祥了。什么叫贞?就是守分。一个人不乱动,人家就不会注意他,也不愿意惹他,因为他已经有了相当的位置,守持本分,人家惹他干什么?从九二我们可以看出来,大壮是以阳居阴位为吉的,什么道理?小象说:**九二,贞吉,以中也**。"中"是什么意思呢?阴阳协调,刚柔并济。过刚会害上面,过柔就没有办法担当大事,所以九二保持中庸之道,不过刚也不过柔,因此贞吉。

九二爻告诉我们,做事"圆通""守分",才比较容易得到吉祥的结果。但是,我们又该怎样应对,取得成就后所产生的骄傲自满的情绪呢?

九三的爻辞(图76-3)是:**小人用壮,君子用罔,贞厉。羝羊触藩,羸其角**。

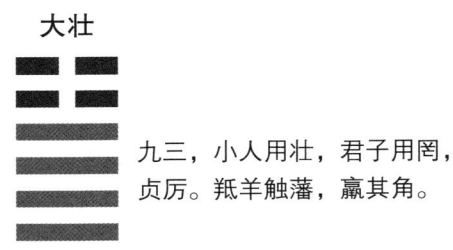

图76-3

九三比较麻烦,它是阳居阳位,而且已经来到了乾卦的顶上,处在阳极的位置,就是九三强壮过盛,精力没有地方发泄,这个时候就能分出小人跟君子了。当情势大好的时候,小人就会用壮。"用壮",就是滥用,妄动。所以下面有一个话叫作"羝羊触藩"。"羝羊",就是公羊。这个时候,小人把自己当作一匹公羊。公羊是很狠的,使劲往上冲,最后"羸其角"。"羸",就是被篱笆缠住,卡在那里。"藩",就是篱笆。九三前面有个篱笆——九四。所以如果这个时候像一只很刚狠的公羊去冲篱笆,角就会被卡在篱笆里面,动弹不得。

可是君子不会这样。"君子用罔","罔",就是网。君子把九四看

第七十六集　严防非礼

成一面网，也就是虚拟前面有一面网，告诫自己不要被它套牢，所以就贞厉。贞厉就是要走正道，任何事情不要过分，不要认为君子得势、人多势众，就很蛮横，就不顾虑一切，否则就变成小人了，还有什么修养呢？

所以一个人不要得理不饶人，我们最怕的就是得理不饶人，也不能盛气凌人，因为中国人是同情弱者的。一个人盛气凌人，对方那边就变成弱者，就会得到很多人的同情，然后对方的力道强起来，自己就麻烦了，而这种劣势还是由自己造成的。所以君子知道，即使前面没有网阻挡，也要适可而止。虽然人家防小人不防君子，但是我们还是虚拟一个网，不去触碰，以免被这个网套牢。于是君子守正，就可以防止危险。小人不知道守正，只知道向前冲，结果被篱笆卡在那里，套得牢牢的。

小象说：**小人用壮，君子罔也**。《中庸》中也说过，小人肆无忌惮。小人没什么顾虑，认为自己又能干，又有信心，又想做，而且情况又有利，这种想法是不对的。君子会"用罔"来自我警惕，我们把它叫作居安思危。虽然当前形势一片大好，但说不定会突然出现很难控制的情况，所以事先做好防范，就能很平稳地向前发展。

小人恃强好胜，终究会被网住套牢，而君子居安思危，则可以避免危险的发生。那么，作为卦主的九四爻，又将会怎样引导下卦三爻，继续发展壮大呢？

九四是卦主，其爻辞（图76-4）说：**贞吉，悔亡。藩决不羸，壮于大舆之輹**。

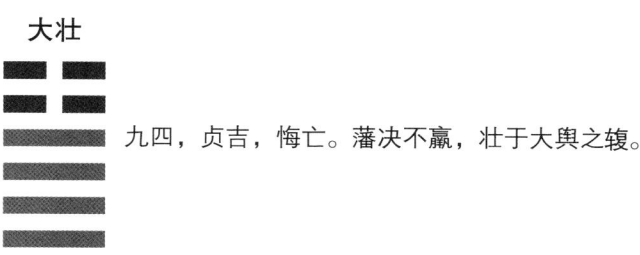

图76-4

九四以阳居阴，它心心念念的就是阳不要过壮。看我们的身体就好了，身体要阴阳调和，才是好的。如果吃多了，火气就来了，神经就痛了，牙齿就好像快要掉了一样，全身不对劲，这不是跟自己过不去吗？阴阳调和才是正当的状况，才是好现象。现在九四已经知道，到了它这个阶段阳已经过半。三阳在下，它本来应该很有本钱，应该带头去冲。但是它觉得还是谦虚一点比较好。九四之所以会贞吉，就是因为真正领悟到刚而能谦的正道，这也是大壮最好的路子。九四不当位，跟初九也不相应，可是因为它知道自己处在这种状态之下，应该壮而能谦，不要逞强，不要自负，不要像初九那样冒冒失失，所以它所有可能的悔都消亡了。这是九四自己做的好事。

"藩决不羸"，这个时候九四就可以把原来的那种警戒统统拆掉了，就像公羊决开了篱笆的束缚，又好像一部大车，"大舆"，就是大车。"輹"，就是大车的转轴，它非常有力，可以跑得很久，可以使得大壮的时机延长。

小象说：*藩决不羸，尚往也*。"藩决"就是把跟上面、跟下面的那种藩篱都解开了，这样不会羸着自己，或者羸着别人，增加麻烦，制造问题。"尚往也"，这个时候不管自己在哪里，都能受到大家的尊崇。

九四爻的适度调节不仅不会阻碍发展，反而能够带领原本莽撞乱冲的乾卦三爻，一起朝着更好的方向发展。那么，在面对众多精明强干的下属时，作为领导的六五爻，该怎样去管理呢？

各位想想看，六五爻第一不当位，第二在所有都很壮的情况下，很柔，怎么可能爬这么高呢？可见这个人不简单。第一他度量很大，第二他柔能克刚，第三他很能顾全大局。所以当周围都是一群很了不起的人，而他一个比较软弱的人能够冒得出来，走到那么高的位置，一定有不简单的地方。

我们可以看看打篮球的时候，人家那一队个子都很高，我们这一队个

第七十六集　严防非礼

子也很高，就一个人是小矮子。你是看好这个矮子，还是不看好这个矮子呢？当然看好了。要是他没有什么本事，凭什么进入这种好的队呢？整个大壮卦，都是刚爻，都是阳爻，我们说都是了不起的人，突然间有一个好像看起来没什么的人，会居那么高的位置，会当领导，你会不会觉得奇怪？中国人常常怀疑"无能居高位"，要知道无能居高位一定有它特别的地方。

六五的爻辞（图76-5）是：**丧羊于易，无悔。**

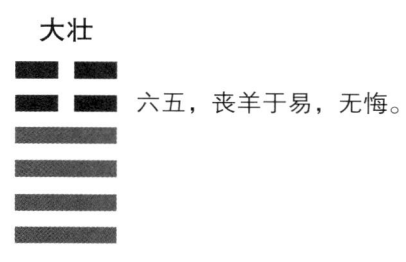

图76-5

"丧"，就是丢掉。"羊"，即为阳。大壮卦下面四个阳爻，到六五，突然间变成了阴爻，就是因为底下的都可靠，六五才有资格，有机会很柔。"易"，很和易、很和气的意思。六五不能跟底下四阳采取敌对的态度，否则自己就完了。六五度量很大，很欣赏部属去表现，而不是非要自己做不可。有很多领导就是把所有事情都往自己的肩上扛，结果照顾不周，反而做不好事情。再说，把所有的责任都往自己身上扛，让部属怎么办呢？他们做什么呢？正因为六五懂得这些，所以无悔。无悔就是说虽然六五柔居刚位，阴居阳位，是失位的，但是也没有什么好后悔的，因为它做得很好。这是孔子跟老子非常赞美的，叫作无为而治。

我们从大壮卦可以看得出来，当部属越能干，时机越好的时候，领导真的要懂得无为的艺术。老实讲，当一切不好的时候，领导才要身先士卒。

> 当部属越能干，时机越好的时候，领导真的要懂得无为的艺术。
> ——《易经》的智慧

小象说：**丧羊于易，位不当也**。六五能够容忍，能够欣赏别人，能够放心地把责任授权给部属。为什么？因为六五是不当位的，是柔中。柔中要谁来配合呢？要九二、九四来配合。虽然初九莽莽撞撞，过度蛮横，但是对整个大局还不会造成伤害，这时才可以放心地无为，又可以收到无不为的效果。我们好好体会一下这里面的关系和变化，就知道无为不是随随便便一个人就可以做到的。领导要有高度的素养，平常要培养很多的人才，才能够达到无为而治。

虽然人们都向往大壮，但是在这个过程中，不可能一帆风顺，那么，当我们遇到困难，陷入被动局面时，应该如何应对，才能顺利渡过难关呢？

上六就没有那么容易了，其爻辞（图76-6）是：**羝羊触藩，不能退，不能遂，无攸利。艰则吉**。

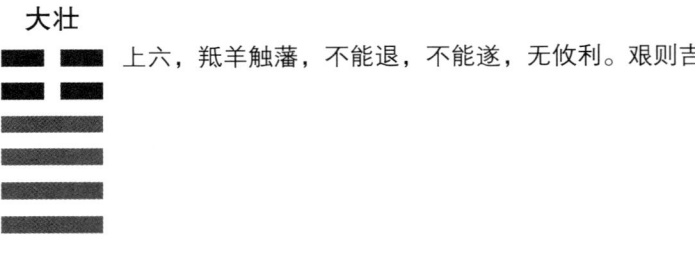

图76-6

公羊是很猛的，它不顾一切往前撞，撞到最后角都被篱笆赢住了。赢住了的结果就是不能退，也不能进。"不能遂"，"遂"就是达到目标，达到原先预期的效果。想做事情却没有办法做，想退也退不了，为什么？因为上六壮极。上六处在整个大壮卦的最高位，不是壮极、壮终吗？"无攸利"，就是无所利。

但是爻辞也告诉我们：艰则吉。什么叫艰则吉？上六要知道自己所处的状况——大壮尽头，就是慢慢变成局外人了。因为你年纪大了，赶不上这个好时机，又何必拼命呢？所以，要守艰，要知道反正他们有一天也会

第七十六集　严防非礼

跟自己一样，就算再风光，到最后都是孤零零一个人，没有谁会例外。我们找对象的时候，都说海枯石烂，永不改变，但是两个人能够同年同月同日死吗？很难。最后还是要一个人过日子。提前知道这个艰难是自己迟早要碰到的，那碰到就安于这个状况，心态一改变，就吉祥了。

小象讲得很清楚：*不能退，不能遂，不详也。艰则吉，咎不长也*。当一个人把自己陷在这种进不得退不得，进退两难的困境时，是非常不吉祥的。因此人到了某一个阶段，要知道每个人最后其实都一样，于是随遇而安，好好安老，好好过自己的日子就行了。不要老是说以前如何风光，怎样能干，这些都是没有用的。"艰则吉"，如果有这种心态，就会吉祥。如果一天到晚不守正道，不安于现状，到处乱闯乱撞，是不会长久的。

整个大壮卦告诉我们，不要认为一切大好就毫无忌惮，否则就变成小人了。一切条件都对我们有利的时候，还是要小心翼翼，保持浩然之气，不要随便去做不合理的事情。这样的话，就会有一个比较好的远景，叫作光明磊落。光明磊落就是太阳普照大地，那就是晋卦。所以下一集，我们就来探讨：光明磊落。

易经的智慧·第七十七集

光明磊落

"否极泰来，盛极而衰"，这是自然界和人类社会的一个普遍规律。然而在兴盛之时，能够维持一个长期美好的局面，却是我们的共同追求。这种追求，也恰恰因应了《易经》中晋卦的境界。那么，晋卦都告诉了我们些什么？我们应该怎样做，才能实现晋卦的境界？而在晋的情境中，我们又需要注意哪些问题呢？

第七十七集　光明磊落

我们知道，在大壮的时候要适可而止，尽量培养自己的一股光明磊落的浩气。为什么？因为我们希望它能够保持得久一点，为什么说只能保持久一点呢？《序卦传》讲得很明白：**物不可以终壮，故受之以晋，晋者进也**。没有哪一个事物，能够长期永远地保持大壮的状态。

人小的时候总期望着长大，可是到了壮年就感慨老之将至，这是很自然，而且是必然的。任何事情都是一个曲线的发展过程，慢慢由弱而强，由小而大，可是很快就会由兴而衰，没有人例外，也没有事物可以避免。既然事物不可能终壮，那怎么办？唯一的方法就是不断地精进，不断地进取，以求延长那个壮盛的阶段，所以大壮卦之后就是晋卦。"晋者进也"，这里用的是进步的"进"，就是告诉我们要精进，要自求进步，所以人要活到老学到老。

事物的发展都有一个由弱变强，再由强变弱的过程，这也正反映了《易经》中的盛衰之理。因此，当我们的人生到达了大壮的位置，一定要按照晋卦的道理不断地修炼自己，以求得精进，从而延长人生高峰的持续时间。然而，要正确践行晋卦，在时间的把握上，我们又需要注意些什么呢？

晋卦，要求我们不但要长进，而且要有成果。《杂卦传》说：**晋，昼也**。"昼"，就是白天的意思。晋卦的卦象（图77-1），上卦为离，是太阳，下卦为坤，是大地。太阳普照大地有好几种状况，一种是温暖如春，一种是烈日当空，还有一种可能，就是乌云蔽日，虽然太阳在那里，可根本看不见。那这里到底取哪一种呢？

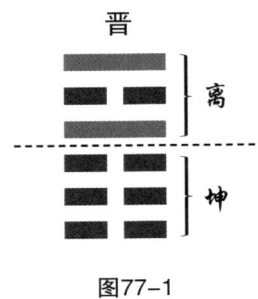

图77-1

《大象传》说：**明出地上，晋。君子以自昭明德**。晋卦下面是坤卦，是大地，上面是离卦，是太阳。可这里为什么要说明出地上，而不是日出地上？如果太阳高高挂在天上，晒得大家很难受，统统躲起来，都没法出去工作，那就太过分了吧。这里用"明"，是说光明普照大地。普照大地不是目的，而是普照万物，让万物都能够欣欣向荣；普照人，就是告诉我们，现在是白天，不要睡觉，要出来好好工作。

一个人的生活规律配合自然，就会跟自然取得一致。大白天睡觉，大家马上想到一个人，叫作宰予。宰予读书很好，德行也很高，是孔子很喜欢的学生。可是《论语》上面讲得很清楚：宰予昼寝。就是他大白天居然在睡觉，孔子很生气，骂得很难听。宰予为什么会惹孔子生气？就是他没有按照晋卦走。白天睡觉，睡过头了没有关系，赶快起来工作，赶快恢复正常就没事了，可宰予没有，反而进去跟老师道歉，说什么睡过头了，才迟到。这气不气人呢？因为迟到耽误事情，还在那讲半天理由，这是最惹人生气的。

 一个人的生活规律配合自然，就会跟自然取得一致。

——《易经》的智慧

日头东升西落，夜晚转眼就到，白昼是很短暂的。这就告诉我们，时

第七十七集 光明磊落

间是很宝贵的，我们要充分地去利用，不要浪费。中国人说，一寸光阴一寸金，寸金难买寸光阴。但就算一个人有金条，能买到时间吗？金条什么都可以买，就是不能买时间，可见时间比什么都宝贵。在这种情况之下，晋卦的主旨就出来了：一定要有所为，但也一定要有所不为。很多事情能不能做成，就看能不能把握到这一点：要利用时间，要好好做事，但是不能做那种乱七八糟的、没有用的事情。

中国人自古以来就讲求天人合一，也就是人的生活规律要符合自然。通过学习晋卦的《杂卦传》和《象辞》，我们可以知道，做事情要尽量选择在白天，并且要养成珍惜时间的好习惯。那么，晋卦的《卦辞》和《象辞》又进一步告诉我们些什么呢？

晋卦的卦辞（图77-2）说：晋，康侯用锡马蕃庶，昼日三接。

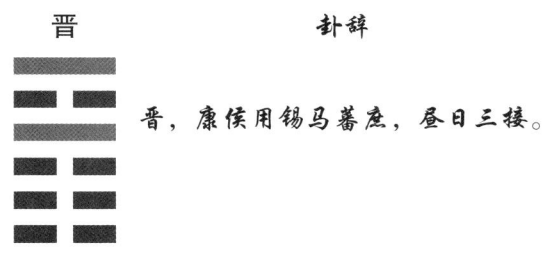

图77-2

"康侯"，指的是那些安定国家的公侯，他们是替天子分治各个地方的人。国家太大，皇帝没有办法样样事情都亲自管理，必须让诸侯替他分担。"锡"，是赏赐的意思；"蕃庶"，是众多的意思。"用锡马蕃庶"，就是说皇帝为了感谢这些公侯替他分忧分劳，就送他们很多好的马匹。送多少？昼日三接。一个短短的白天，多次接收。为什么不说"一日"而说"昼日"呢？就是告诉我们，晚上要让大家好好地、安静地休息。昼日正好符合晋卦的意思，大家充分利用白天做事情，晚上好好休

息。不像现在这样,白天多次地找部属,晚上还发短信,并规定他24小时不能关机,这就违反了爱护、关心部属的好意。

晋卦象辞说:**晋,进也。明出地上,顺而丽乎大明,柔进而上行。是以康侯用锡马蕃庶,昼日三接也**。晋是卦名,象辞提供给我们一个长进的过程。人要求长进,一定要按照这个步骤来。"明出地上","明"指上面的离卦,离卦就是太阳,光明。太阳没有被乌云所遮掩,大家心情很好,很方便出外工作。"地",指下面的坤卦,坤卦一定要顺应太阳所给我们的时间,好好地把正事做好。"顺而丽乎大明",下坤不但很顺应,而且附丽在太阳上面,这就是日出而作,日入而息。作息要顺应自然规律,这一点对现代人来讲是非常重要的。

现在很多人都是颠倒过来,大白天睡觉,什么事都不做,一到夜晚精神就好。现在有很多二十四小时营业的商铺,这不是鼓励大家不按照作息来做事情吗?所以有些事情到底是好意还是坏意,要看怎么判断。

"柔进而上行",六五是很阴柔的,可是它现在上升到君位,表示它不简单。正因为具备那种高明配天的德行,才有办法有今天的成就。既然是这样,就叫作明君。"康侯用锡马蕃庶",明君通过赏赐马匹给那些替他分忧分劳、让他很信任的公侯,来安定他们的心,让他们甘心归顺自己。"昼日三接",就表示时常在进行这些事情。如果君王时断时续,公侯就会觉得奇怪:是不是君王在怀疑我什么呢?怎么一下子冷淡下来了?这样人与人之间就会产生隔阂。记住,人与人之间的信任是非常重要的。

《庄子》曰:"日出而作,日入而息,逍遥于天地之间而心意自得。"晋卦不仅反映出了一种顺乎自然规律的作息制度,同时也反映出了一种关心下属,维持信任度的用人智慧。然而,要维持信任度,不仅需要关心下属,更需要维持一种开明的局面。那么要怎么做才能维持这种开明的局面呢?

第七十七集　光明磊落

《大象传》说：**明出地上，晋。君子以自昭明德**。太阳出来，无私地普照万事万物，君子看到这种状况，就知道这四个字——自昭明德，是至关重要的。君子看到太阳，觉得太阳也没有做什么，只是早上升起，傍晚落下，为什么万民万物都会歌颂它，感谢它，配合它？君子反观自身，认为人其实也不必多讲话，只要用自己高明的修养来照亮自己就可以了。我们不是太阳，怎么能照耀所有的人呢？自昭明德，意思就是来照亮自己。

我们常常只看到别人，认为别人这个不对，那个不对，从来没有审视过自己。其实总有一天我们会发现别人的错自己都有，这时会不会很难过呢？所以圣人说，我们只能够找到自己原来具有的那个好品性，然后把它发挥出来，恢复它原来的光辉。这样我们才知道，为什么大学之道首先就告诉我们"在明明德"，"明明德"，就是"自昭明德"，这都要靠自己。

小孩子会做坏事吗？不会，他只是不懂而已。小孩会做坏事，其实都是后天养成的，没有人天生就是坏坯子，可见父母的教育很重要。小孩本来是一张白纸，洁白无瑕，是大人把他污染了，然后还骂他不对。

老子说得更清楚：自知者明。什么叫作明？就是自己了解自己。我们要了解别人已经很不容易了，因为知人不易，但是自知更难。有的人一辈子不了解自己，别人都把他看透了，他还在那里装相。一般人都认为自己是对的，总认为别人不理解他，误会他，冤枉他，实际上这是害己害人的事情。

知人不易，但是自知更难。
——《易经》的智慧

我们要知道"晋"这个字，是对干部来说的，部属要升迁，一定有顺有逆，一定有忠有奸，一定有正有邪。如果干部不能够自昭明德，根本就分不清楚忠奸正邪，怎么能够维持好开明的局面呢？所以干部常常被鱼目

混珠,欣赏坏人,反而误解好人,这样的"晋"就没有好的成果,就不能有成。

常言道:人贵有自知之明。作为领导者,只有做到自昭明德,才能够很好地了解自己,加强自身的道德修养,培养良好的个人品性,进而有助于维持一种开明的局面,从而使人生进入晋的时代。那么,在晋的时代,我们又需要注意些什么呢?

晋卦的卦象是明出地上,这个明就是不但了解自己,而且了解别人。知己,又知人,对整个情况洞若观火,而且不会被蒙蔽。这个时候所有的人都应该日出而作,把握这个宝贵的时间,大展宏才。

所以孔子说:邦有道,贫且贱焉,耻也。在晋的时代,大家还在睡大觉,还在贫穷,这是可耻的事情。如果是在黑暗的时代,那也乐得不做了,因为做也只是帮助人家做坏事,所以这是完全不同的两种境界。这样大家才知道,为什么晋卦下面紧接着就是明夷卦,明夷是什么?就是暗无天日。太阳出来的时候,大地很明亮,可是一转眼夕阳无限好,快要近黄昏了,等太阳一下子落到地平线以下,大地马上就暗起来了,速度之快,往往出乎我们的意料。在那种混乱的时代,我们不反对袖手旁观,因为一出手,就是助纣为虐。但是在可以大有可为的时代,不能够说没有自己的事。

大壮的时候,我们要把过剩的物资拿去帮助人家,使那些幼小者受到照顾,这个时候晋就会出现。现在不是,大国都欺负小国:我有钱,你就要听我的;我有事,你要按照我的要求去做,不然我就打你。这就是不了解大壮是怎么回事,世界上很多大国就是因此而垮掉的。

英国曾经被称为日不落帝国,在全世界都有殖民地。那个时候英国就是大壮,谁能够跟它比呢?可是英国只从殖民地拿钱,得到好处而不帮助人家,结果引起了当地人民的强烈反抗,最后殖民地一个一个失去以后,

第七十七集　光明磊落

英国就衰落下来了。

我们中国向来不会这样。我们有很多朝代，尤其是明朝，非常开明。明朝有一个规定，就是不打我们临近的国家。我到马来西亚，很多人就问我："你们中国人真的那么早就到马来西亚了？"我说："是呀，你看郑和的事迹都在这里流传着。"他说："我不相信。"我说："你不相信什么？"他说："既然你们中国人那么早到这里，怎么不把这里当作殖民地？"我说："我们中国人没有这种观念，我们只是说大家认识认识，交个朋友，你有空就来看看我。"这在以前叫朝贡。

明朝的时候，其他国家来朝贡我们，送我们一百块钱的礼物，我们就送他五百块钱的回礼。这样外国人就很有兴趣，大批的朝贡者纷纷前来，搞得我们吃不消。所以不得不规定，过段时间来一次就好了，而且一次来的朝贡团不要太大。中国人很懂得大壮，也知道如何维持晋的局面。晋是什么？晋就是一个开明的大环境。

晋卦上离下坤的卦象告诉我们，只有始终做到自昭明德，在正确的时间做正确的事情，才能实现并维持从大壮到晋的开明局面。然而，生活中处处存在着不平等，而处于不同立场的人们对同一事物也会存在着褒贬不一的看法。那么，在这种存在着异议的情况下，我们又该以怎样的方式来践行自昭明德呢？

读完《易经》之后就完全了解了，一件事情做出来，有人这样看，就有人那样看，我们不可能让每个人都满意，所以唯一的办法就是问心无愧。比如太阳升上来，有人说怎么那么热，有人说好久不下雨了，有人说我正想睡觉它却那么亮……每个人基于自己的情况，都会有诸多不满意。但是太阳只是普照大地，它没有私心，就不用去担心这些意见。所以，晋卦就是告诉我们要光明磊落、自昭明德，用现在的话说就是凭良心。至于你怪我，你认为怎么样，那是你的事，我心安理得就好了。大家不要小看

自昭明德这四个字，那是做人的根本。

 自昭明德，是做人的根本。
——《易经》的智慧

人都是有良心的，只是被乌云挡住了，看不到而已。我们用一句话来说明自昭明德，就是说每个人心里本来有一座全年无休的广播电台，叫作良心之声，可是我们的眼睛只会向外看，耳朵只会向外听，却从来不听它的，这样就没有自昭明德。所以一个人只要能动不能静，就越来越脱离现实，越来越不明白自己，就根本没有办法走入晋卦。

一个人能动是很重要的，能静是不可少的，安静下来想想自己，看看别人，然后就知道该怎么样加强自己，那就叫晋。但是晋不是盲目地向前。我们现在是有点盲目，方向还搞不清楚，反正有机会就冲，有钱就赚，有空子就钻。还有一句更可怕，有热闹就挤，这是中国人最喜欢的事情，结果挤出很多问题来。有时候外国人会觉得我们很残忍，人家出了车祸，在那凄凄惨惨的，结果围了一大堆人，七嘴八舌地看热闹，这就是没有自昭明德。自昭明德就是在这个时候，最好不要去干扰人家，增加人家的困难。

还有一件事情，家里办喜事，固然希望很多人来热闹一下，可是不幸家里办丧事，所有的人都来，那是干什么呢？有时候我们说人多就是好，当然有它的道理。但是有些事情，说难听一点，来的目的纯粹是为了自己。我们看到，有很多人说这个人的丧礼我不能不去，不去就表示我身份不够，我去并不是吊丧的，而是看看谁来了，跟他攀攀关系，打打招呼。所以在某些吊丧的场合，往往有很多人嘻嘻哈哈的，说什么好久不见，多多关照之类的话。这些人都是没有自昭明德。一般人都很容易犯这些毛病。希望大家记住一点，大壮之后，要用晋卦来做指引，否则的话就会烦

第七十七集　光明磊落

恼多多。

　　自昭明德才是晋的正道，最根本的修养就是四个字：宽以待人。宽以待人就是严以律己，对自己要严厉一点，对别人要宽厚一点。所以，下一集我们来讲：宽以待人。

易经的智慧·第七十八集

宽以待人

当人生到达高峰时，往往会应了盛极而衰的道理，而逐渐走上下坡路，然而具有良好修养的人，却能够持续维持良好的人生局面。《易经》中的晋卦，正是告诉我们，如何延长人生高峰的持续时间，那就是要自昭明德，力求精进。然而要使人生获得持续地精进，也并非易事，还需要从晋卦六个爻的细节出发。那么，晋卦的六个爻各自都代表了什么呢？我们又应该怎样运用其中的道理去了解自身、完善素养呢？

第七十八集　宽以待人

晋卦是一个开明的时代，所有有志气、有理想、有抱负、有能力的人，都应该求上进，但是要怎么样才能够有好的成果呢？这就要把六个爻仔细地看一看。我们可以把这六个爻分成两大部分，从初六到九四是第一部分，可以看作是人一步一步求上进的过程，每个阶段都有些变化，有些不同。六五爻到上九爻是第二部分，可以看作是领导怎么样用人，他的气度如何。

我们从初六看起，初六是不当位的。在晋的时代，一开始就要刚健，就应该很积极，很奋发，很努力。可是现在初六是阴爻，阴爻也没有错，因为在这种好的时代，一定要顺着走，所以才会把阴爻摆在晋卦的开始，表示不要太强硬，不要说非自己莫属，用退让的方式来求进，应该是比较合适的。

所以，初六的爻辞（图78-1）是：*晋如，摧如，贞吉。罔孚，裕无咎。*

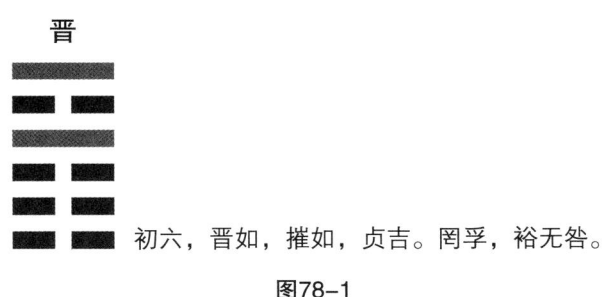

图78-1

"晋"，是前进，"摧"，是挫折。为什么晋的时代还会遇到挫折呢？因为初六上面有六二、六三，它们都把初六挡住了。如果一个人刚出道，处于事业的初创时期，一切都要摸索，当然会遇到很多困难。如果

这项事业已经有很多人在做了,那他也一定会受到他们的排挤。这怎么办?"贞吉",就是你要把这些看成是好事。为什么?因为初六跟九四是相应的。既然相应,九四就应该来帮初六,初六这么一个大有作为的青年,又被九四赏识,那么为什么九四不提拔初六呢?因为时机未到,九四不方便出手,再加上九四的人品不是很好,要么收红包,要么看看初六的背景怎么样,它有很多的盘算,那怎么办呢?我们就告诉自己,现在还没有得到人家的信任,因为刚出道,人家对我们不了解,所以就要裕无咎。"裕",就是自己宽慰一下自己,不要心急,放缓一点。心宽了,路就广了,自然就无咎了。

这跟一个初出茅庐的年轻人的状况是一样的。我们不要认为自己学有所成,想好好做事,人家就应该给我们好的工作机会,不见得。可能我们所学的正好是人家不想用的。当初我们选这一专业的时候,可能是热门,可是当我们毕业的时候,它已经在走下坡路了。

初六的小象说:晋如,摧如,独行正也。裕无咎,未受命也。"摧",有点摧残的味道,就是挫折的意思。哪一行都是阻碍重重,哪一行都有比我们先出道的人,那怎么办呢?要"独行正也"。"独",是专的意思。第一个,既然这是我们的专长,是我们当初选择的路,那就心安理得地走下去,不要东张西望。第二个,我们更要专注于正,所以叫作独行正。要正当,就算一时找不到工作也没有关系。

其实我倒是劝年轻人,有时候找不到工作反而对自己有好处,为什么?因为一毕业就找到工作,而且待遇很好,所有的人都对你很好,你可能一辈子就在那里,然后一直到退休。如果你在这里碰壁,在那里也碰壁,你就知道现在很糟糕,工作不好找,于是你会提高警觉,然后找到一份工作之后,就会多学习,就会很认真地去考虑哪里才是你真正要去的地方。这个就叫裕,裕是很安裕的意思。一个人进退都很安裕,不受眼前的情况所困惑,自有主张,所以无咎。

"未受命也",处在晋的初爻,哪里有什么正式的任命呢?我们只不过是新进的人员,完全没有工作经验。如果我们能够这样想,就会心宽,

第七十八集 宽以待人

就不会急,然后就会谅解别人,宽以待人。进而回过头来再检讨自己,是不是去面试的时候,有什么地方不对,是不是求职书上写得不妥当,再慢慢去调整,这一关就过了。

晋卦的初六爻告诉我们,在人生发展的初期,要有乐观的心态,放宽心胸,专注于正道,并发挥自己的专长。长久之后,自然就会有人关注,自己的人生之路也会越走越宽。可是,当人生之路困难重重并无人相助时,六二爻又告诉我们怎样做呢?

六二的爻辞(图78-2)说:晋如,愁如,贞吉。受兹介福,于其王母。

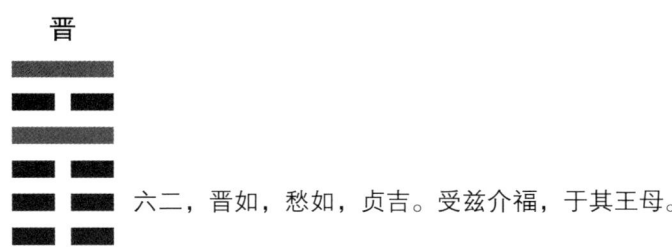

图78-2

六二跟初六有什么不同?一个是摧如,一个是愁如。初六上面有九四可以相应,所以它急着要上进,至于所受的挫折,它觉得自己还是有办法冲破的。六二不一样,它本身虽然是当位的,可是跟六五不相应,所以不能不愁。上面有人,跟上面没有人是不一样的。上面有人,虽然他现在没有帮你,但是你心里有数,知道他不方便出手,等到方便的时候他一出手,你的问题就解决了。

处在六二的位置,可以想象,一个人经过一段挫折,还是找不到工作的时候,心情就开始糟糕了,就开始怀疑自己:是不是整个行业真的没落了?是不是学的技术从此没用了?他就会发愁。可为什么同样会贞吉呢?就是因为"受兹介福,于其王母"。这很有意思,一个人明明看着很愁,上面不会有人出手拉他一把,可他还是会贞吉,就是因为得到了王母的帮

助，这个福气是很大的。六五就是王母，从卦象可以看出来，上面为离卦，代表太阳、光明。光明主要靠什么？就靠当中那个六五爻。六五爻会产生热，产生光。所以整个上离的卦，它的重点就在六五爻。六五给大家无限的信心，带来很大的光明，大家都感觉到自己"受兹介福"。

六二的小象说：*受兹介福，以中正也*。其实读《易经》读到现在，我们应该发现一个问题，为什么第二爻、第五爻，就算怎么不对劲，怎么不当位，怎么不相应，但多半却会变成好的？因为它们懂得谨慎，考虑得比较长远。在晋的时代，好人不会长期被埋没，就是六二爻给我们最好的启示。

现在我们慢慢清楚了，一个人出来找工作其实不必急，也不要认为自己很有能力，人家一定要看重自己、重用自己，他不这样想，反而对自己更好一点。眼光放长远一点，左右看看清楚，然后调整自己，一旦找到适合自己的工作之后，发挥得比谁都快，这不是更好吗？所以，找工作顺利的人不见得其前途就光明，也不见得起初到处碰壁的人就一事无成。其实一个人找了好工作，就被套牢在那里了，一辈子都很难再有改变。有时候对我们坏才是对我们好，对我们好反而是对我们坏，在《易经》里面，我们已经得到很多这样的启发了。其实没有好坏，完全看自己怎么因应。

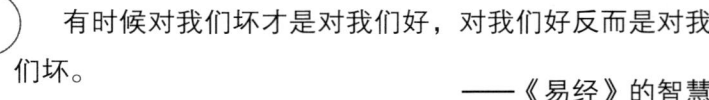

有时候对我们坏才是对我们好，对我们好反而是对我们坏。
——《易经》的智慧

当人生陷入困阻时，即使无人相助，也要有信心，把眼光放长远。因为只要自昭明德，自我完善，就一定会有出头之日。然而六三爻却又反映了另一种人生处境，那么六三的处境又如何？在这种处境下，我们又需要怎样做，才会使事情得到良性的发展呢？

第七十八集　宽以待人

六三爻的爻辞（图78-3）非常简单：**众允，悔亡**。

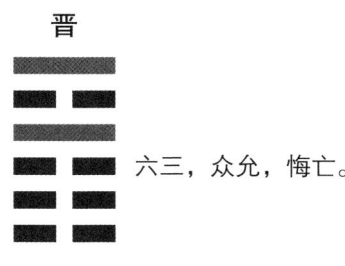

图78-3

六三是阴居阳位，阴居阳位多半都是有悔的，只要六三心一狠，就带领初六、六二这群阴爻倒行逆施了。在这种大好的时光，这种开明的时代，只能顺着走，不能逆着走。不管是领导者还是被领导者，只要顺着走都是有利的，而逆着走都是倒霉的。

"允"，就是你的志向，你的行为。"众允"，就是众人很服你，愿意追随你走正道，那你就变成一个最好的人才。六三小象说：**众允之，志上行也**。为什么会"众允"呢？因为"志上行也"。在晋卦里面，这句话是很重要的，就是说初六、六二、六三，一直到九四，一定要顺着六五，因为这是个开明的时代，如果还逆着它，不是自找倒霉吗？顺着它，就有福；逆着它，就后悔。

现在六三后面跟班的很多，但六三不会去利用他们。有很多人自己找不到工作就通过别人出来抗议，然后讲一些杂七杂八的话，他自认为躲在暗处就没有人知道，其实大家迟早会把他揪出来的。所以唯一的办法就是"志上行也"，就是说要向上去依附，因为上面就是离卦，离就是附着的意思。附着在六五旁边，行动就会得到大家的呼应。这样本来自己有悔，现在也消除掉了。这样的选择，就会使人走上晋道。

尽管处于六三爻位置的人可能会有困阻，但是只要走正道，顺从事物发展的规律，同样会避凶趋吉。然而晋卦的九四爻却又反映了另外一种人：身居高位却学艺不精，并且野心勃勃。那么这种人又该如何调整自己,才能避免惨遭厄运呢?

九四就开始进入了上离,其爻辞(图78-4)是:**晋如鼫鼠,贞厉**。

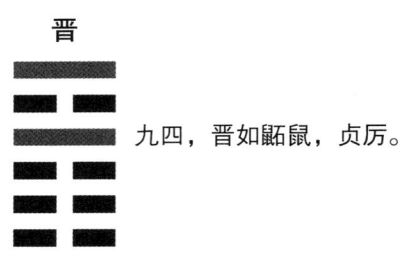

九四,晋如鼫鼠,贞厉。

图78-4

鼫鼠技艺虽多,但什么都不精,就好像一个人样样都会,但是样样都稀松。这类人是蛮多的,这个也会,那个也会,却没有一样做得好。

"贞厉",意思是说这样的人要改变,否则是很危险的。"贞",在这里解释为坚持。好不容易混到这个地步,才发现糟糕,下面的人每一个都比自己专业,而自己什么都很稀松,经不起考验,怎么办?就要赶快自昭明德,赶快去向人请教,其实也可以向年轻的人请教,有什么了不起。"三人行,必有我师",向谁都可以请教,不用爱那个假面子。这样很快就能充实起来,虽然不当位,也不会失职,不会有悔。

九四的小象说:**鼫鼠,贞厉,位不当也**。"位不当"是什么意思?初六、六二、六三那么一大堆人要求上进,九四一想太好了,可以把六五蒙蔽起来,然后把这些力量据为己用,倒过头来威胁六五。这种想法和做法是违反晋道的,叫作"位不当也",就是这样的想法是不对的,这样的方向是严重的错误。但是,有很多人是这样的,认为老板宽宏大量,又觉得自己很有能力,自己是阳的,老板是阴的,阳的肯来奉承阴的,老板应该很高兴才对。然而下面这帮人都比自己位置低,又没有自己这么强壮,于是就来利用他们,造成自己的恶势力,有一天再去跟老板摊牌。这就是九四,这种人最后一定会被老板干掉的。

第七十八集　宽以待人

晋卦体现的是离上坤下，阳光普照大地的景象。然而现在晋卦的下卦三爻郁郁而不得志，而九四爻更是蠢蠢欲动，那么面对这样的情况，作为卦主的六五爻，又应该采取怎样的做法，才能既不会影响到内部的和顺，又能够实现整体大局的持续发展呢？

六五的爻辞（图78-5）说：**悔亡，失得勿恤。往吉，无不利。**

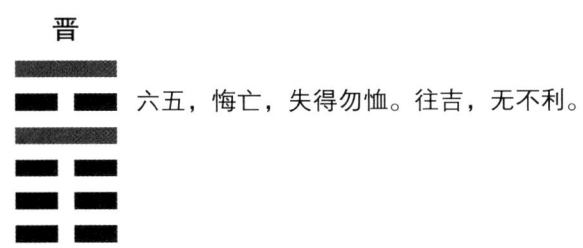

图78-5

一开始就说"悔亡"，怎么会悔亡呢？因为六五本来应该是九五，现在六五放下身段，能够以大事小，包容各色各样的人，柔而得中，自然悔亡。这就是无为，一个人能够无为，一定有两把刷子，否则不敢这样放得开。

"失得勿恤"，各种事情处理得井井有条，用不着劳神忧虑。《易经》都用失得，很少用得失；都用终始，很少用始终，就是希望我们不要老往一个牛角尖上面钻，偶尔也要转回来，看看另外一面，这是《易经》给我们的深刻启发。

在晋的时代，六五这样做是合理的，所以就不必去顾虑这些烦恼。九四再怎么样，六五心中有数，只要九四好好做，六五就不会打击它，但是如果九四不好好做，六五就会收拾它。所以，"往吉，无不利"。晋卦的爻辞就六五爻最好，不管怎么去走，都是吉祥的，没有什么不利的地方。六五使初六、六二、六三都能够附着于它，换句话说太阳普照大地，大地为什么能够宽裕，能够不急，能够对这个时代有信心？就是因为看到太阳还在那里，不急着下山，给我们比较宽裕的时间，让我们一步一步来。

六五的小象说：**失得勿恤，往有庆也**。为什么六五能够得也好，失也好，对失得都不必忧虑？就是因为不管怎么走，都对它有利，它可以很放心地把责任下放给底下的人，但是权还是抓在六五手上。责任可以下放，权力一定要集中，不能分割，一分割就出大问题了。部下得到授权就会越权，所以部下只有责任，只有全心全意把工作做好，而没有权力可言。

> 责任可以下放，权力一定要集中。
> ——《易经》的智慧

六五本来是不当位的，可是它没有一点后悔，为什么？因为在那种情况之下，六五一切都很清楚。那么，六五是如何做到的呢？就是六五自昭明德的修养很好，它心知肚明。但是六五也知道，如果它表现得很精明，就无人可用了。我们之所以把这六个爻辞的总标题叫作宽以待人，就是这个意思。如果一个人很苛刻，样样都追究，就真的无人可用。"金无足赤，人无完人"，睁一只眼，闭一只眼，但是心里清清楚楚，不糊涂，在合理的限度内让大家有弹性，不必计较太多，这样才方便应变。如果有人超过了限度的话，再出手也不迟。

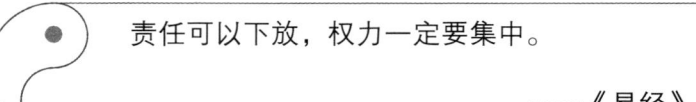

> 在合理的限度内让大家有弹性，不必计较太多，这样才方便应变。
> ——《易经》的智慧

作为整个晋卦重心的六五爻，因为有着很好的修养，能够自昭明德，并且宽以待人，所以身居这一位置的人，就已经具有了很好的领导风范。然而上九爻的处事方式与六五爻却又恰恰相反，那么晋卦的上九爻，又给我们哪些警示呢？

第七十八集　宽以待人

上九的爻辞（图78-6）说：**晋其角，维用伐邑，厉吉，无咎。贞吝。**

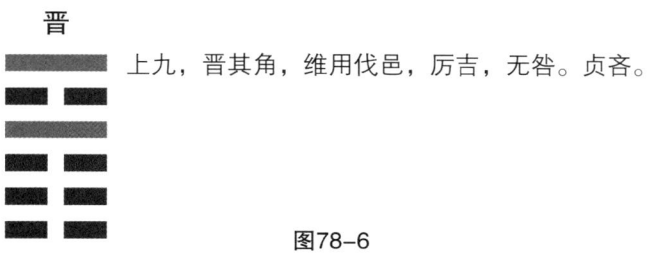

图78-6

　　上九是晋卦的极端，晋道已经走到无路可走的时候，就等于钻到牛角尖里面去了。上九一方面阳居阴位，也就是不当位；另一方面已经过了六五这个阶段，这在《易经》里面叫作既失位又过中。一个人很有偏见，很偏激，找不到合理点，那就会制造内乱。为什么要制造内乱呢？就是他要找借口排除异己，就说他们这样不对，那样不对，要讨伐他们，这就是内乱。

　　"维用伐邑"，"邑"是封地。封给你这块地，封给他那块地，是要你们好好干的，可现在你们却搞得这么乱，我就要收拾你们。所以上九等于制造内乱，而又名正言顺。这样为什么厉吉，为什么又无咎呢？就是说如果上九及时改过，及时调整，就没有事了。那为什么下面又加上一个贞吝？如果上九坚持要这样做，制造正当的理由来排除异己、制造内乱，那一定是吝，一定是路越走越窄，到最后无路可走。

　　上九的小象说：**维用伐邑，道未光也**。如果只能以利服人，而不能以德服人，最后一定会导致内乱。"道未光也"，道没有光大。上九跟六五相反，它是逆着来，就是道未光也，六五是顺着走，就是道已光也。六五轻松愉快，能够放心地无为，而上九却要制造点内乱，这就是为什么我们每一次大放光明之后，就会变成黑天暗地。

　　所以下面一卦就是大家比较担心的，叫作明夷卦。"夷"，受伤。明本来是出自地上的，现在掉到地底下去，不能发光了。其实不是这样的，只是看起来现象是这样的而已。太阳不会掉到地底下去，可见明夷还是有救的。大家了解了这种状况，就不要害怕明夷，也不必怕，因为还是有路

可走的。《易经》不会告诉我们无路可走，它只是告诉我们忧患人生。正是因为人生有这些起起落落，反反复复，我们才会真正地成长，否则永远长不大。

因此，我们还是要以欢迎的心情来继续看明夷卦。下一集，我们就来讲：忧患人生。

易经的智慧·第七十九集 忧患人生

在中国社会里,一个人无论身处何地,唯有做到"明哲保身",方为长远的生存之道,然而要做到这一点却并不容易。特别是一个人处境危险,大环境对自己不利时,想要保全自己就更加困难。一旦遭遇这样的状况,我们该怎么办呢?《易经》的明夷卦就给我们指出了摆脱危机的方法,那么明夷卦说了些什么?我们又能从明夷卦中得到怎样的启示呢?

第七十九集　忧患人生

如果说只有白昼没有夜晚，对人好还是不好？我曾经在北欧看到午夜的太阳，晚上十二点，太阳还高挂在空中，普照大地，结果所有的人都不待在家里睡觉，统统跑到街上，跑到海边，去喝咖啡、吃冰激凌。其实这样过三五天，会觉得很新奇、很有趣，久了以后，就会觉得很痛苦。为什么？因为一个人，白天要想有足够的精神去工作，晚上一定要好好地休息，保持充足的睡眠。只要睡眠不足，一段时间之后各种问题就来了，医生看来看去说，这是睡眠不足引起的，回去要好好补一补。这当然不是补充饮食，而是补充睡眠。所以白天太阳普照大地，晚上太阳的光就要灭了。灭了就叫夷，当然夷不完全是灭，伤也是夷。明夷就是太阳的光受到伤害，受到毁灭，这样就暗无天日了。

明夷卦是辨别好人与坏人的检验器。明夷卦的卦象（图79-1）是四个阴爻、两个阳爻。其实在《易经》里面，四个阴爻两个阳爻的卦很多，问题是两个阳爻在什么地方。两个阳爻在九四、上九，就是晋卦（图79-1），两个阳爻在初九、九三，就是明夷卦，所以这两个卦是互为综卦的。在六十四卦中，除了乾卦、坤卦，其他的六十二个卦都是有阴爻有阳爻的，只不过多少和位置不同而已。用数学的观念来讲，只是阴和阳这两个符号的排列组合，排列组合一改变，卦象就改变，里面的用意也完全不一样。

明夷

䷣

图79-1

　　明夷下卦的两个阳爻，被一个阴爻隔离开了。如果两个阳爻合在一起，力道就会强一点，本来就很少，又被阴爻给隔离了，表示阳的力量更微弱了。从这里可以看出，这个时候小人的气势是比较高涨的，而君子的能量比较衰弱。这样我们就知道，如果晚上阳气比较衰，阴气比较旺，所想的大概都不是什么好事情。你会一大早起来就想找几个人来赌博，赢一点钱吗？不会。只有吃晚餐的时候才开始动脑筋，打电话给谁谁谁，来赌博捞几个钱。这就是因为在晚上的时候，阴气慢慢涨起来了。这样的话，是不是明夷卦就不好呢？

　　明夷卦的卦象显示，一旦出现明夷卦的状况，就代表正气在衰落，而邪气开始壮大。这时候对于一个正人君子来说是非常不利的，那么明夷卦对此有怎样的解释和解决方案呢？

　　《易经》从来没有什么不好的卦。我们先看《杂卦传》，它只有两个字而已：*明夷，诛也*。"诛"就是参差不齐。好人、坏人在这个时候会分辨不出来，叫作良莠不齐。一到晚上，光明不见了，大家就开始寻思摸黑做一些坏事，有的人守得住，就是君子，有的人守不住，就是小人。所以白天看不出来，一到晚上就清清楚楚了。

　　《序卦传》说：*进必有所伤，故受之以明夷，夷者伤也*。一个人太认

第七十九集 忧患人生

真工作，太花费精力，他的阳气很快就会渐衰。所以凡是很急切地前进，一定会受到阻挡；凡是要大放光明的，一定会受到埋没。埋没就是把一个人的亮减少一点，降低一点，这就叫伤。所以《易经》很巧妙地在晋卦之后，"受之以明夷"，然后来解释说"夷者伤也"。

19世纪的时候，英国人把其他国家的土地都占领下来，变成自己的殖民地，这样费尽苦心地花了100年，把英国变成日不落帝国，全世界都很羡慕。可是当最后一个殖民地——香港，回归中国的时候，英国也日落了。所以，不管曾经如何辉煌，到最后迟早是要面对明夷的。

明夷卦的卦辞（图79-2）说得很明白：明夷，利艰贞。

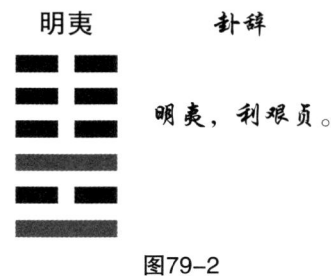

图79-2

在暗无天日的时代，我们首先要保护自己，不要做无谓的牺牲。但是保护自己并不是消极，而是等待天亮。我们晚上睡觉，就是等待天亮的时候再好好工作。在暗无天日的时候，如果没有能力去搞革命的话，还不如隐藏起来，保存实力，等到机会来临的时候，再求拨开云雾见青天。历史就是这样的。

《彖辞》解释得更清楚：明入地中，明夷。内文明而外柔顺，以蒙大难，文王以之。利艰贞，晦其明也。内难而能正其志，箕子以之。

"明入地中"，当光明引入大地之中的时候，光明不是不见了，而是被隐蔽起来了而已。所以我们要有信心，黑夜之后一定是光明。当感觉到最暗的时候，就表示光明已经出来了。所以要等待，不要绝望，不能说反正什么都没有了就算了。明夷卦告诉我们，这都是很正常的现象。当我们

没有办法按照自己的理想去走的时候，就要永远保留自己的原则，坚信光明必将到来，同时一定要适应外面的环境，否则的话，就保护不了自己。一个人不会装糊涂，是很难跟别人相处的。

不做无谓的牺牲，选择明哲保身，这一直是中国人千年来不变的处事之道。然而说起来容易做起来难，一个人如何在复杂的环境中做到既不迷失自我，又不被人所害呢？落实到具体的行为，明夷卦又能给我们什么启示呢？

"内文明而外柔顺"，明夷卦内卦是离卦，所以叫作内文明，外卦是坤卦，所以叫作外柔顺。里面的原则绝对坚持，始终是大放光明的，不管外面再怎么黑暗，心地永远是光明的。可是这个时候，如果想用强硬的态度去改变外在的环境，对自己是非常不利的，而且通常达不到目的。所以就要外面柔顺，这跟我们平常讲的内方外圆是一致的。

"以蒙大难，文王以之"，"以"解释为用。文王用明夷的道理来排除蒙受大难的危险，来适应非常艰难的环境。用明夷来蒙受大难，安渡难关，只有文王做得到。文王就是明夷的代言人。

"利艰贞"，是什么意思？就是"晦其明也"，这四个字非常重要。"晦"，是隐藏的意思。"晦其明也"，就是要把聪明才智隐藏起来。如果当时商纣王把周文王关在牢里，周文王表现得很精明，不管商纣王干什么，怎么对付他，他都知道都清楚的话，周文王绝对没命。在明夷的时代，最要紧就是装糊涂。周文王装糊涂，装到商纣王把他儿子跺成肉酱，包成包子给他吃，他虽然心里明白是儿子的肉，还是装作不知道一样地吃下去，才保住了自己的命，最后才有机会把他的智慧流传下来。这个"晦其明也"，也是老子所讲的深藏不露。

"内难而能正其志"，里面非常艰难，非常痛苦，但是还能够保持住正直的意志。"箕子以之"，箕子是谁？他是商纣王的叔叔，而且是前朝

第七十九集　忧患人生

的旧臣。他看到纣王昏庸无度、滥杀忠臣，很是气愤，可他知道如果自己反抗的话，那一定没命，所以只能眼睁睁地看着比干的心被挖掉。如果他跟纣王同流合污，那就不是利艰贞，表示他的心志已经变了，由君子变成小人了，他更加不会这样。无奈之下，箕子披发装疯，搞得大家拿他没有办法，纣王只好把他关起来，因此才保住一条命。等到武王革命成功以后，箕子才被放出来。

箕子披发装疯度过了艰难的环境，最后还有所贡献，所以我们给他四个字，叫作守正避祸。避祸，守正，后面还要有所贡献，才是真正的守正，才叫作利艰贞。经过忍耐，想尽办法度过这段黑天暗地的时光之后，还要尽自己的责任，这才叫明夷。

一直以来，在一些人的观念里，认为明哲保身是一种贪生怕死的自私表现。然而在对明夷卦有了初步了解后，我们可以认识到，避祸、保身的最终目的恰恰是为了等待时机，去尽到自己的责任。那么接下来，明夷卦的大象又能告诉我们什么呢？

《大象传》说：**明入地中，明夷。君子以莅众，用晦而明**。晋卦没有用日，现在明夷卦也不用日，而是用明。因为主要是明被灭了，太阳还在。今天的落日就是明天的朝阳。看得到太阳的时候，叫晋卦，这个时候要好好运用太阳普照大地的宝贵时光做点正事；看不见太阳的时候，就表示我们该休息了，那就安静下来，赶快睡觉，不要老是胡思乱想。

"君子以莅众"，"莅"是临的意思。我们经常说欢迎莅临，莅临，临就是莅，莅就是临。对待众人，处理众人的事情，要"用晦而明"，就是不要太聪明。政府越精明，老百姓越痛苦。我们今天都说法律要严明，其实法律严明就是苛政。什么都管，这样不行，那样也不行，让老百姓怎么生活，怎么做事呢？明朝法律规定，老百姓不能下海。内陆的人一听就觉得奇怪，海在哪里？他们根本没见过海，怎么听你的？所以法律不能

多如牛毛，要求不能过分苛刻，否则就是暴政。

> 法律不能多如牛毛，要求不能过分苛刻，否则就是暴政。
> ——《易经》的智慧

政府把老百姓当作什么，这是非常重要的态度。官员以很朴实的态度对待老百姓，老百姓也会用很朴实的方法来呼应，这才是真正的德政。我们一直讲德政，很少像西方那样开口法治闭口法治，主要的原因就在于这四个字：用晦而明。要隐藏自己的聪明，表达到合适的地步就行了，用这种态度来处理民众的事情，就很受老百姓的欢迎。否则就要小心了，因为很可能就是明入地中，让大家有受伤的感觉。

明夷一面告诉我们，一旦碰到明夷，要坚持做个君子，否则一不小心就会变成小人。另外一面告诉我们，看得太清楚了，其实对每个人都是有害的。我们今天老是讲有话直说，有话明说，一切要透明化，其实那是伤人很深的。每个人都有光明的一面，也永远有黑暗的一面，没有人没有一点秘密。完全没有秘密，日子还怎么过？当一个人把我们全都看透了之后，我们会感觉到在他面前就好像没有穿衣服一样，这会很愉快吗？我们最怕就是别人揭开我们心中的秘密，我们常说的"哪壶不开提哪壶，他哪里痛你专门去戳他的痛点"，就是这样的道理。跟这种人在一起，就是暗无天日，就是明夷。

所以我们读了明夷卦要知道，待人处事要多留一点余地，明明知道是这样，也假装不知道，明明看到也假装没有看到，因为谁都会犯错误。只要这个人能改过，装作没看到就行了。

做人，存亡、进退、得失，都是理所当然的，不要因为得到了就开心，失掉了就悲伤。有一句话很多人听不进去：吃亏就是占便宜。你今天吃亏没有说出来，将来别人吃了亏，也不会说出来，因为一报还一报。他今天欠你一毛钱，你非要追回来，下一次，他也会同样苛刻地对待你。

第七十九集　忧患人生

当一个人陷入明夷卦的处境，看似危险，但如果能够合理地化解，还是能够转危为安。《易经》一阴一阳之谓道的精神告诉我们，凡事都有好坏两面，只有找到适当的方法才能妥当处理。那么，这个适当的方法是什么？我们如何利用明夷卦以及我们的智慧来化解危机呢？

记住，人跟人是一面镜子，你对他怎么样，他也会用同样的态度来对待你，那你觉得是宽松一点好，还是紧迫盯着人好？除了打篮球要紧盯人之外，其他的事情，你盯得太紧，他就会打你一拳，踩你一脚，因为他很生气，你干吗不盯别人老盯他？

大自然是阴阳消息的，消就是消退，息就是成长。阴阳消息并不是又消又息，而是阴消阳长，阳消阴长，永远是这样。所以为什么阴阳分不开，就是这个道理。阳不见了，只是藏起来了而已，它迟早会出来，阴也是一样的道理。大自然之所以会阴阳消息，就是让万物可以得到良好的休息。

明夷卦最重要的启示，就是一个人要知道休息是暂时的休息。休息是为了走更远的路。晚上好好休息，明天才有精力做事。从这些当中我们应该明白，人要在绝望当中产生希望，要在黑暗当中储存实力，等到时机成熟还要大放光芒，这才叫作天道好还。天道好还就是告诉我们，要对老天有信心，黑夜不会永远漫无止境。

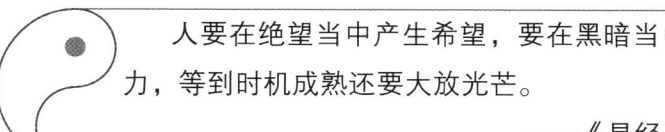

人要在绝望当中产生希望，要在黑暗当中储存实力，等到时机成熟还要大放光芒。
——《易经》的智慧

其实我们读《易经》就是希望大家的心，能够慢慢调整到合乎自然规律的状态，这样就没有苦恼了。如果非要展现自己多聪明，就会搞得天下大乱。我们要知道，一切的忧患都是人自己造成的。我们并不是说忧患不好，要不然为什么圣人都有忧患意识？因为有变动，有预警，我们才会产

生警惕，知道既然不能改变外在的环境，就会自我调适。所以人最要紧的能力就是自我调适。在忧患中，我们不要把得失看得太重，不要懊恼，不要觉得自己很倒霉——怎么长在这种家庭，怎么跟着这样的老板，怎么从事这样的行业，其实都是自己的选择。因此，当我们心平气和的时候，就会回过头来，时时保持高度的警惕。

现在人最可怕就是有了知识以后，就没有警觉性了，因为他会一切按照那个数据走。数据是会变动的，会骗人的，如果完全相信它，就会犯很多错误。那怎么办呢？就是要发挥中国人高度的警觉性。

如果把明夷卦的六个爻好好分析一下，就会得到四个字：心地光明。只要常保心地光明，不管什么黑暗，终究会突破，任何的艰辛痛苦，都不会影响到自己的人格修养。这就是中国人最常讲的凭良心。白天大部分是凭良心的，只有晚上自己控制不住，就开始想做点偷鸡摸狗的行当，那就心地不光明了。所以面对明夷，最好的办法就是常保自己的心地光明，其实这跟晋卦的自昭明德是相呼应的。换句话说，不管是白天，还是晚上，都要凭良心。可惜大多数人都是白天没有办法不凭良心，因为可能随时被抓到，而晚上不凭良心也许可以得到什么好处，就是这么简单的一个分别。下一集，我们一起来探讨：心地光明。

易经的智慧·第八十集 心地光明

在商纣王的统治时期，奸臣当道，忠臣被害，出现了明夷卦所表示的极度黑暗的状况。就在比干被害，文王被困的时候，箕子却在无路可逃的状况下保全了自己。这究竟是怎么回事？看似天昏地暗的明夷卦里，究竟蕴含着怎样的智慧？我们现代人又该如何利用明夷卦的智慧，在危机四伏的职场中立于不败呢？

第八十集　心地光明

明夷卦的重点就是四个字——用晦而明。以隐藏的方式来善用自己的聪明才智，而不是把所有的聪明都外露出来。一个人当然要有聪明才智，否则的话，很多事想不开，也看不懂。但是当一个人的聪明外露的时候，那就不叫聪明，而叫精明。精明能干的人，大家都是敬而远之的，因为怕受到伤害。这类人跟别人也没有办法平安相处。

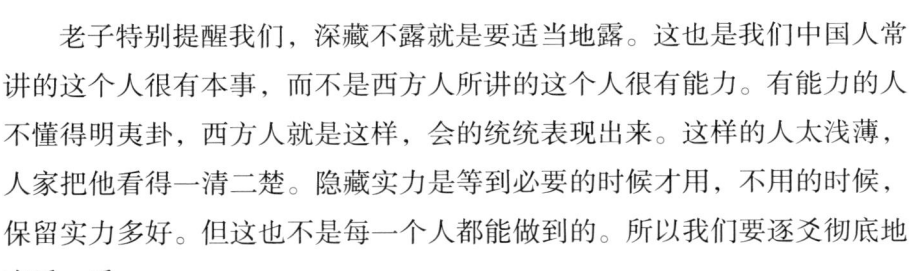

用晦而明，就是以隐藏的方式来善用自己的聪明才智，而不是把所有的聪明都外露出来。
——《易经》的智慧

老子特别提醒我们，深藏不露就是要适当地露。这也是我们中国人常讲的这个人很有本事，而不是西方人所讲的这个人很有能力。有能力的人不懂得明夷卦，西方人就是这样，会的统统表现出来。这样的人太浅薄，人家把他看得一清二楚。隐藏实力是等到必要的时候才用，不用的时候，保留实力多好。但这也不是每一个人都能做到的。所以我们要逐爻彻底地来看一看。

了解到明夷卦"用晦而明"的道理，我们就能知道，只有做到深藏不露，才能既保存实力，又不会树敌。然而仅仅这样是不够的，当我们觉察到危机来临的时候，该如何一步步去解决呢？

初九爻的爻辞（图80-1）说：**明夷于飞，垂其翼。君子于行，三日不食，有攸往，主人有言。**

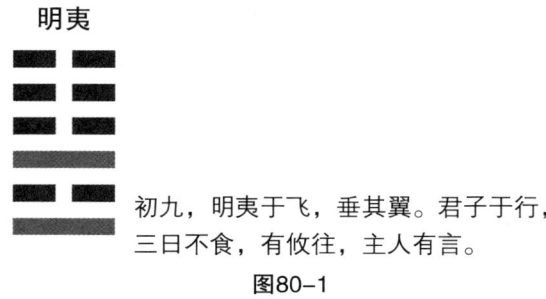

图80-1

初九是当位的爻，而且距离上六最远。通常我们看一个卦的时候，都会看第五爻是九五还是六五。九五叫作刚中，当然六五也有六五的长处，叫作柔中，这两个爻所处的位置，叫君位。但明夷卦不是，它的君位是上六，很明显上六已经超出了君位应有的那种作为。比如商纣王不聪明吗？商纣王就是没有把自己节制在合理的地步，爱怎么样就怎么样，把自己所有的精明统统表现出来，才变成了大家非常害怕的暴君。

初九离上六最远，所以最有自由。我们常常讲天高皇帝远，其实就是初九爻。既然初九离皇帝那么远，所受的压力也不大，所以往往就很迟钝，反应也慢，这样的人警觉性就不高。但是现在初九爻告诉我们，做人最起码的条件，就是警觉性要高。对中国人来说，警觉性高就代表怀疑心很重。初九爻警觉性很高，怀疑心很重，看到情况不对，要明夷了，也就是说初九明白伤害快要来了，因此要赶快飞走。可是"明夷于飞"，为什么"垂其翼"？高飞远走的时候，却把翅膀垂下来，这不很奇怪吗？鸟要飞的时候都是张开翅膀的，因为振翼才能高飞，垂下翅膀怎么飞呢？但是各位想想看，如果一个人要离开的时候，大张旗鼓，带很多行李，能走得掉吗？人家马上会把他挡住。所以一个警觉性很高的人，知道非走不可，但是也懂得用晦而明，就是不张扬，不跟任何人讲，也不带很多东西，这样没有人怀疑他要走。

"君子于行，三日不食"，逃跑的路上忍饥挨饿，三天都没有饭吃。

第八十集　心地光明

初九要飞到哪里去？这要看它对应的爻。《易经》之有趣，就是所有事情都让我们自己去体会。初九的对象是六四，它跟六四是一阴一阳相对应的，所以初九一飞就飞到六四那里去了。可是初九要想到六四那里，还要过几个关，一个是六二，一个是九三。重重的关卡，初九逃得掉吗？人类有围墙，有围墙就有关卡，你想走，他偏不让你走。所以只好不张扬地，出人意料地，不让人家怀疑地偷偷走掉，怎么可能有机会带很多食物呢？"有攸往"，就是说在这种情况之下，才能够很顺利地逃走。

"主人有言"，就是告诉我们，一般人看事情没有那么深刻。处于初九的位置，就知道要远走高飞了，这在《易经》里面叫作几。"几者，动之微"，一旦发现征兆，立即采取措施。否则当别人也都知道机会来了时，竞争就很激烈。竞争很激烈，就是大家都慢了一步。初九阳居阳位，一开始就感觉到不对劲，明夷要来了，暗无天日了，趁现在别人还没发觉，赶快跑掉。否则，等到伸手不见五指，就算有再好的交通工具都没有用。

初九的小象说：**君子于行，义不食也**。要及时而快速地采取行动，在这种情况下，"义不食也"，不吃饭才是适宜的。哪怕什么鱼翅，也不能吃，否则一吃就跑不掉了，非但自己会后悔，而且还会遭到别人的嘲笑，为了一顿饭，搞得自己这么狼狈。

初九因为自身的地位比较低微，别人才不会注意。可见地位低微，不惹人注意，其实有时候也很好。"人怕出名猪怕肥"，如果猪瘦瘦的，谁会动脑筋去杀它？道理就是这样的。

初九的爻辞告诉我们，当一个职位较低的人觉察到处境危险时，首先要做的是隐藏自己，避免引人注意，然后再找机会全身而退。那么，对于职位高一层的人来说又该怎么办呢？

六二的爻辞（图80-2）是：**明夷，夷于左股，用拯马壮，吉。**

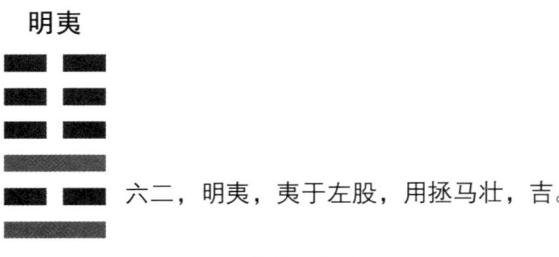

图80-2

六二爻的地位就比较显著了，好歹是一个大家比较瞩目的人。六二也是明夷，光明要不见了，黑暗要来了，可是它能逃掉吗？比如一个人跟主管讲：我妈妈病重，就我这么一个儿子，如果我不回去的话，所有人都会骂我不孝。这样说，谁都不会接受。主管一定想，你妈妈又不是现在才病，所以你一定是找借口。工作要紧，这是你的责任，请假也不被批准。所以这个人只好忍耐，不能擅离职守，否则更麻烦。

"夷于左股"，"股"就是腿，伤到左腿了。这里为什么用左不用右？因为对一般人来说，右比较吃重。如果"夷于右股"，就表示要害受伤了。现在还好，好在会躲躲闪闪，只是不重要的左腿受伤而已。还可以想办法，就是"用拯马壮"，意思是用比较健壮的马来代步，还可以自己救自己。为什么会吉呢？因为只要六二变成九二（图80-3），整个的明夷卦就变成地天泰了，那当然吉。一个人受伤，赶快找一匹比较健壮的马骑上去，自己不仅走得掉，而且还会吉顺。

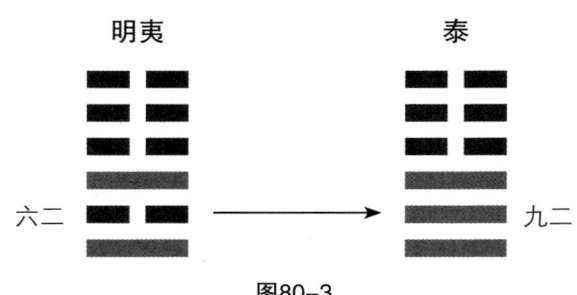

图80-3

第八十集　心地光明

所以六二的小象说：**六二之吉，顺以则也**。"顺以则"，就是谨守为臣的守则。如果六二跟初九一样，说跑就跑，马上就会被抓回来，抓不到就被通缉，总之，六二是跑不掉的。这样各位才知道，小官容易跑，大官难跑；没钱的容易躲，有钱人难躲。我们真的要好好想想明夷卦的状况，才知道怎么应变，因为每个人的情况不一样，不能采取同样的方式。

一个人不得不顺，因为只要他不顺，上面马上会抓他，所以他不能不顺，这就叫作用晦而明。然后内方外圆，表面看起来很顺，而实际上坚持自己的原则——非跑不可。不跑不行，因为上六太厉害了。老实讲，在整个卦里面，上六指的就是商纣王。历史上很少有像商纣王那样的时代，所以并不是每一次乱世都会进入明夷。

六二是下离的中爻，我们一再讲，三个爻当中，中爻比较容易得正。所以六二明白事理，表面上遵守自己的职责，照常上班，再伺机找一个好的工具，帮助自己顺利地逃走。

不同职位的人，由于职责不同，面临的危险也就不同。当一个人进入明夷卦六二爻的地位时，就不如初九那样容易全身而退了。明夷卦越往上越危险，那么，当一个人职位更高，已经到了九三的位子时，面临危险，又该怎么办呢？

九三的爻辞（图80-4）是：**明夷于南狩，得其大首。不可疾贞**。

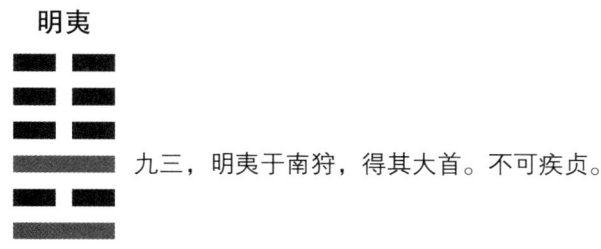

图80-4

九三处在明的末端，它几乎没有可能逃走，因为九三再往上，就是坤

卦,也就是一片黑暗了。那要怎么做?只有用积极的方法来面对。因为九三跑不掉,不管九三怎么讲,人家都不会接受九三的理由。这时候九三只好"明夷于南狩",就是找机会把上六这个暴君除掉。大家有没有发现,中国人说顺,其实是不顺。每个人都先衡量一下自己,我今天有本事,就跟你对着干,我没有本事,就先保护自己。当年关公有一个很好的机会,就是在打猎的时候趁机把曹操杀掉。

看完九三爻我们就知道了,九三爻就是想利用打猎的时候,趁机把商纣王杀掉。如果能够成功,就是"得其大首"。"大首",就是魁首、祸首,指的是上六。为什么九三责任这么重?因为九三跟上六是一阳一阴相对应的。综合分析一下下卦的三个爻,就可以看得出来,三爻当中唯一可能把上六干掉的,其实就是九三。九三要利用这个打猎的机会,把上六除掉。就算九三能够成功,它还是提醒我们:不可疾贞。"疾",是快的意思。"贞",是纠正。九三要把不正变成正,这是好的,但是也不能太激烈。所以那一次刘备叫关公不要动,他是懂得这个道理的。"不可疾贞",就是有时候虽然是很好很正的事情,但还是不能疾。否则一疾,后果很难收拾。纠正错误最好不要采取过分激烈的手段,因为会影响社会风气,影响后代的观念。

九三的小象说:*南狩之志,乃大得也*。"大得",就是完全达成了为民除害的意愿。九三顾虑到了多方面的情况,初九能飞就飞,六二不能飞就不飞,而九三自身现在更是走不掉。但是九三有实力,而且最清楚状况,于是就做了。如果真的能完成的话,就是大得,所有人都会认为九三这样做是正确的。

初九、六二、九三这三爻再往上就是暗的,可它们本身还是明的,所以叫作在暗外。到六四就进入暗中了,但是六四比六五好一点,六五又比上六好一点,因为越往上越暗。六四、六五、上六,已经不是明不明的问题,而是进入明夷的境界,一片黑暗。

第八十集　心地光明

六四的爻辞（图80-5）是：入于左腹，获明夷之心，于出门庭。

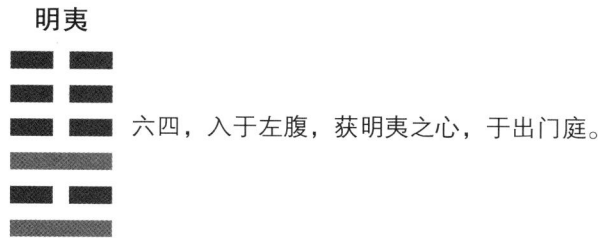

图80-5

六四已经明白，上六的心是很恶毒的，因此六四马上出门，叫作于出门庭。这时候它不管一切了，就算再危险也要马上跑出去。这告诉我们什么？要看六四的小象：入于左腹，获心意也。"入于左腹"，就是告诉我们，不仅要知道上六的心，还要遵照明夷卦的大前提：用晦而明。不能像比干那样，站出来说"我知道你心坏"，那一定死路一条，所以最好还是不批龙鳞。不批龙鳞是法家给我们最好的建议，就是不要逆着上六，否则就没命了。我们要顺着他，还要用晦而明，虽然知道上六的心很恶毒，但要装糊涂，这才能"获心意也"，也就是深入了解上六的邪恶心思。那我们自己的心意是什么？就是既不跟上六同流合污，又能自我保全，不伤身。

所以六四爻告诉我们，当一个人处在非常高的位阶的时候，稍微一动，人家马上就抓他了。最好表面上假装跟上面妥协，但是内心坚定自己的心意，才能够做到既不失节，又不伤身。

中国历史上的黑暗时代，不乏忠臣受苦、奸臣当道的事例。然而黑暗总会结束，迎来新的黎明。一个人职位越高责任就越大，如何既保全自己，又能结束不利的局面才是最高的智慧。那么，这样高难度的修为，又怎样才能达到呢？

六五可用谁来代表？箕子。所以，六五的爻辞（图80-6）说：**箕子之明夷，利贞。**

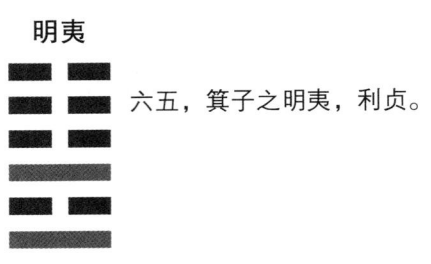

图80-6

比干是纣王的叔叔，他的心被挖掉了；微子是纣王的胞兄，他跑得比谁都快。而箕子是逃不掉的，为什么？因为六五失位。失位表示他已经慢了，来不及了。那要怎么办？所以箕子就装疯卖傻。其实历史上很多故事里面，都有装疯卖傻保护性命的人，这是不是跟《易经》有关？每个人自己去体会。在当时的情况下，箕子最好的办法就是装疯卖傻，但他保持住了内心那种坚定的原则，可谓艰苦卓绝。在那个时候，他还能够不为上六所害，我们真的很佩服他。他做到了明夷卦的卦辞所讲的利艰贞。其实大家稍微想一下就知道，上六才是整个明夷卦最坏的一爻，所有的事情都是他引起的。

上六的爻辞（图80-7）是：**不明晦，初登于天，后入于地。**

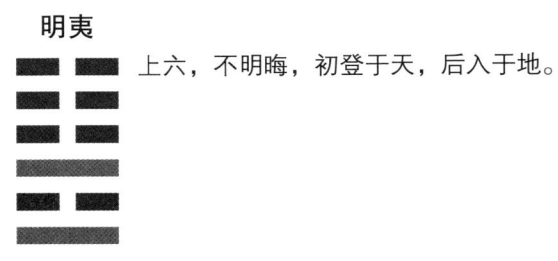

图80-7

上六违反了明夷卦的宗旨——用晦而明，也就是用隐藏的方式来合适地透露自己的聪明才智。纣王完全不懂得什么叫作隐藏，他认为自己是老

第八十集　心地光明

大，爱怎么样就怎么样，甚至不顾一切。他不知道不要精明外露，人家才有办法替他做事情；不要使大家那么害怕，人家才敢跟他讲好的建议。但是这种人还能够当到纣王，什么意思？后面的两句话说得很清楚了：初登于天，后入于地。刚刚开始登位的时候大家也认为他是好皇帝，会照顾我们，可是后来才知道他真是昏君、暴君。就好像太阳一样，太阳出来大家都觉得真是光明无比，太阳落地的时候又是一片黑暗。所以好人也可能会变坏，职位越高越要小心。

上六的小象说：*初登于天，照四国也。后入于地，失则也*。刚刚继位的时候大家都非常欢迎他，伏地高呼万岁。那时候他也很守法则，并没有胡作乱为，天下都能感受到他的照耀。可是后来权力越来越大，不受限制，为所欲为，于是他就越来越控制不住自己，最后一发不可收。"后入于地，失则也"，这样的所作所为，搞得所有的人都不满意，都想杀他，就是因为他不遵守法则。当他遵守法则的时候，像太阳一样普照天下，受到大家广泛的欢迎；当他不遵守法则的时候，大家都很厌弃他。他这是不明而晦。不明而晦，跟用晦而明刚好是相反的。这样，大家就知道，原来商纣王是个很糊涂的人，很不聪明的人，他又不知道隐藏，所以才造成众叛亲离，人人诛之而后快的惨境。

一个人难免会受伤，不管是身体的，还是精神的。当人受伤的时候，会想到什么？就是一句话：回家才是最安全的，家才是最温暖的地方。人为什么要到受伤的地步才想到家的温暖？《易经》告诉我们，个人是不可靠的，单打独斗是很辛苦，而且没有成效的。一个人在外面搞得遍体鳞伤，知道回头，回到家里来重新做人，我们还是给他很好的机会。

所以在明夷卦后面，紧接着就是家人卦。家人卦告诉我们，要想一生平平安安的，一定要好好修养自己的品德，诚信齐家，勤俭富家。所以下一集，我们来讲：诚信齐家。

易经的智慧·第八十一集　诚信齐家

《礼记·大学》中说:"家齐而后国治,国治而后天下平。"其实这一思想,正来源于《易经》中的家人卦。那么,古人为什么认为家庭的和谐美满,对于天下安定有着重要的作用?此外,家庭幸福的根本,又该是什么呢?

第八十一集　诚信齐家

不管是历史，还是传说，都有这样的说法，尧打算把舜培养成接班人，于是就把两个女儿同时嫁给舜。大家也许会觉得很奇怪：这不是鼓励一夫多妻吗？其实尧真正的用意是，大家都说舜这个人的德行很好，那我就把两个女儿同时都嫁给他，看他有没有办法使得两个女人在同一个屋檐底下处得平安无事，如果可以的话，那这个男人的确很了不起。

我们首先看家人卦的卦象（图81-1），上卦为巽风，下卦为离火，风是长女，火是中女。两个都是女性，怎么能够成家呢？这给我们一个很大的警示。《杂卦传》一下就点了出来：**家人，内也**。"内"是说家里面的事是由女性来做主的，也就是我们常讲的女主内。那男人呢？男人要主外，要出去打猎，出去做事，出去赚钱回来养家糊口。如果家里面吵吵闹闹，一团糟，男人在外面放得下心吗？做事情能专心吗？人家能信任他吗？可见，家庭的安宁也是很重要的。可是现在经常有人批评男主外、女主内，说是重男轻女。这需要我们具体来分析一下。

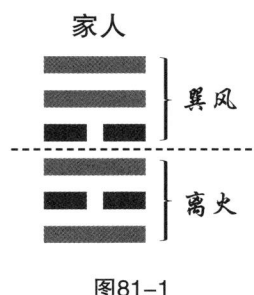

图81-1

先看家人卦的卦辞（图81-2）：**家人，利女贞**。

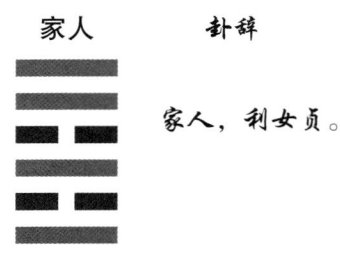

图81-2

家道兴衰,主要的责任在谁?在主妇是否贤惠。只要主妇贤惠,家里面什么事情都处理得好。主妇不贤惠,不但家里不安,可能搞得邻里都受害。我们中国人有一句话,叫妻贤夫祸少。妻子如果贤惠的话,丈夫的灾祸就会大大减少。因为很多事情都是女人惹出来的,比如先生去上班,她跟邻居闹矛盾;小孩跟隔壁闹着玩,最后搞得大人吵成一团。先生在外面已经够累了,回来还要处理这些事情,处理不好就会招致祸患。从家人卦的卦辞"利女贞"我们应该知道,这是在加重妇女的责任,而不是把女人看扁了。把家里这么重要的事情都交给女性,怎么还说我们重男轻女呢?

《序卦传》说:伤于外者必反其家,故受之以家人。这个"伤"就是明夷的意思,明夷卦就是受了伤。人在外面不管心地多么光明,做事多正直,难免受到别人的误会、扭曲、打击。怎么办?受到委屈、受到伤害了,如果这个时候再没有一个温暖的家的话,那可能就跟人家蛮干了。凡是那些家庭比较温暖的人,在外面受到一点气都是无所谓的,反正回家就能得到情感上的宽慰。

中国人之所以老关起门来,在家里面互相安慰,就是因为这样子可以平息心中的那一股按捺不住的怨气,这样才不会造成伤害,才有办法做到保存实力,才有好的时机再去好好发挥。否则的话,连一点元气都保不住,就算时机来了,也无能为力。"故受之以家人",所以在明夷卦之后就安排了一个家人卦,要我们重视家庭伦理,加强妇女的地位和责任。

中国传统文化认为"男主外,女主内",家人卦正是强调了女性在

第八十一集　诚信齐家

照顾家庭，处理家务事方面应负主要责任。然而，这是否就代表男性对家庭，不需要尽义务呢？家人卦上巽下离的卦象，又象征着夫妻之间应该保持怎样的和谐关系呢？

家人卦的象辞说：**家人，女正位乎内，男正位乎外，男女正，天地之大义也。家人有严君焉，父母之谓也。父父，子子，兄兄，弟弟，夫夫，妇妇，而家道正，正家而天下定矣。**

家人是卦名，象辞直接告诉我们一家人的相处之道：女正位乎内，男正位乎外。家人卦中，六二（图81-3）处于内卦，也就是离卦的中间，它是很正的。九五（图81-3）正位于外卦，也就是巽卦的中位。六二跟九五，一个代表妻子，一个代表丈夫。主妇正位于家里面，主持家务，主持得很贞正，很合理。先生到外面去打工，表现得很正直，受到大家的欢迎。这样一来，男女都正，这个家一定会慢慢兴旺起来。

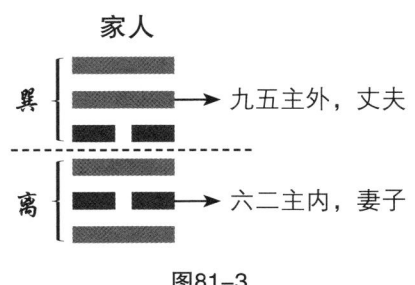

图81-3

为什么会采取上巽下离的卦象呢？巽卦是风，离卦是火，所以叫风火家人。风跟火有什么关系？我相信现在的人一想到风跟火的关系，就会想到风把火灭掉。点着的蜡烛，一吹就灭了。那风跟火在一起怎么能融洽呢？实际上要了解《易经》的卦象，就要把自己放在伏羲当年所处的情境当中。伏羲的时代没有蜡烛，他们所看到的风跟火的关系是火越旺的时候风越大，风越大的时候火越旺。因此，大家就知道风跟火是互相依存的关系。一家人，先生为什么要出外去打拼？当然是为了家庭。主妇为什么要把家里处理得很好，使所有人都很融洽？也是为了这个家庭。他们的认识

是共同的，目标也是一致的。

因此，我们就看到，"男女正"就代表了"天地之大义也"。天地之间很显然有这么一个规矩，叫作天地定位，天高地卑。很多人看到天地定位也很有意见，我觉得这有点偏激了。天地的位置怎么不是固定的呢？抬头看天，低头看地，如果倒过来的话，我们会不会吓一跳？可见天地本来就有定位，这是自然的现象。天高高在上就叫天，地很踏实，在我们脚底下，我们才站得稳。这只不过是位置不同而已，难道因此认为天高就很尊贵，地低就很卑贱吗？我们说位置不同，只是代表责任不同而已。每个人都有每个人的"分"，但不能以此划分高低上下。

虽然丈夫与妻子，对于家庭应尽的职责有所不同，但是只要各自尽到本分，并且相互扶持，便能建立良好的夫妻关系。除此之外，家庭的美满幸福，还需要处理好父母与子女，以及子女之间的关系，那么家人卦对此，有什么好的建议呢？

"家人有严君焉"，当我们看到严君的时候，应该想到是指父亲跟母亲。古人言简意赅，文字非常简洁，但是内容非常丰富。古人告诉我们，当讲到天的时候，是包括地在内的，因为没有地，就找不到天。所以看到"家人有严君焉"，我们马上要想到，家里有个家长，他很威严，好像是国家的君王一样；家里还有一个慈母，好像皇后一样。所以象辞下面接着说：父母之谓也。告诉我们严君指的就是父母。

接下来一对一对地讲：父父，子子，兄兄，弟弟，夫夫，妇妇，而家道正。这是什么意思？"父父，子子"，不要解释成父亲要像父亲，儿子要像儿子，而是父亲要尽父亲的责任，儿子要尽儿子的责任。儿子小的时候，爸爸有责任养他、教他。爸爸老了以后，儿子长大了，有责任倒过来奉养父母。现在不是了，养子女不是为了养老，而是标榜自己了不起。于是就有很多人不想生小孩，因为父母养子女，将来子女不管父母，或者养子女也可以，但留下老本给自己。这样一家人就开始有点生分的感觉，就

第八十一集　诚信齐家

不能尽全力去照顾好下一代。难道这是好的现象吗？

"兄兄，弟弟"，哥哥有哥哥的责任，就是要爱护弟弟，帮助弟弟，教导弟弟，因为弟弟年纪比哥哥小。同时，弟弟也要尊敬哥哥。现在不是，弟弟动不动就说：妈，我不想再穿哥哥的衣服，我要买新的。吃东西的时候眼睛老盯着哥哥看：怎么你的比我的多？甚至还讲一大堆歪理，把哥哥的抢过来。这样的家庭还像家庭吗？难道这是小孩的责任吗？

"夫夫，妇妇"，丈夫有丈夫的责任，主妇有主妇的责任。如果大家都尽到各自的责任，那就叫作"家道正"，齐家之道就正了。"正家而天下定矣"，这个很重要。一家正，邻居都会拿这家做榜样，然后大家都会向这家学习。每一家都正，社区就正了；每一个社区正了以后，这个区域就正了；区域正了，整个国家也正了。别的国家也拿这个国家当榜样，每个国家都正，天下就太平了。

可见这个家道不只是我们家而已，它会慢慢地向外推，一直推到全世界。我们今天需要建成地球村的话，应该好好地看看家人卦，然后把它的道理好好地实践出来。

家庭是社会的细胞，家庭美满幸福，社会才能稳定发展，所以古人从来都是将齐家与治国、平天下联系在一起的。然而，要想"家道正"，就必须家庭中的每个成员都走正道，并且各尽其责。可见家人卦中，同时也隐含表达了修身对于齐家的重要性。那么，古人认为怎样的修身之道，有助于家庭的和谐美满呢？

家人卦的大象说：*风自火出，家人。君子以言有物而行有恒*。这很明白地告诉我们，风是从火里面生出来的。这样的话，是不是没有火就没有风呢？其实也不见得。那为什么说风自火出？真正的意思是告诉我们，风火是相依存的，但是我们还是得加强火的责任，因为火毕竟在内部，我们自己可以控制。外面的社会风气怎么样，我们一时很难去改变，所以不如退回来，先把自己的家齐好，这样就会影响到外面的风气。风自火出，再

加一句话，叫作火由风炙。火因为风的帮助越烧越旺。这样就整全了。《易经》讲的话，有些只提到了一个部分，我们要把剩下的部分补上，这样才符合一阴一阳之谓道。

圣人看到当火燃烧的时候，上面热气腾腾，然后热气变成风，帮助火烧得更旺这种现象之后，就觉悟到做人应该"言有物而行有恒"。物是事实的根据，每一句话都必须符合事实，都要有事实做根据。现在不是，我们很喜欢虚拟的环境，反正随便讲，随便听，至于真的假的根本不关心，这都是不负责任的做法。君子所讲的话，都要有根据，否则就是在浪费别人的时间，让别人不知道是不是该听君子的，是不是该相信君子，这样对君子自己也是不好的。要改善这种风气，必须从家里开始。

"行有恒"，行为要恒常，要有自己的原则，也就是在什么状况之下要做什么样的反应，而不是反复无常，一会儿这样，一会儿那样。一个人让人家捉摸不定，人家就不知道怎么来跟他因应，就会觉得很难跟他相处。所以，"言有物""行有恒"这六个字，很值得现在的人好好反省一下，好好调整一下。如果做到这样的话，我们家里面就会开始有一番新的调整，再推广出去，就可以慢慢地影响到周围的风气。

老子曾说"千里之行，始于足下"，要想家庭幸福，进而达到社会和谐，就必须每个人从自己的一言一行做起。另外，其实现代社会中所提倡的一些与家人相处的方法有很多弊端，那么人们该如何调整，才能真正做到与家人和睦相处呢？

什么才是家人的相处之道？我相信各位很清楚，甚至马上想到一句话，叫作"家和万事兴"。"父子同心，其利断金"，金很硬，但只要父子一条心，连金子都可以断掉。家和万事成，家和是我们相处最要紧的基础。家庭一团和气是好的，但是和气也有个度，不能无底线。比如妈妈应该和气到什么地步？女儿说："妈妈，你笨。"妈妈说："是啊，本来妈妈就比你笨，如果你比妈妈笨，那就糟糕了，你是我们家的希望，当然比

第八十一集　诚信齐家

妈妈聪明。"这样家庭是一团和气了，而且还美其名曰爱的教育，但是这样的家还是家吗？妈妈要有妈妈的样子才行。

我们要了解，家是怎么形成的。家由男女相爱，也就是从下经的咸卦开始，然后结为夫妻，再传宗接代继续下去。现在很多人很怕讲这种话，有什么好怕的呢？这是我们的责任，名正言顺。我们就是为了生育子女才会结婚的，否则生育子女不是为了传宗接代，那是干什么呢？

因此，家人要各尽责任，可见和要走正道，因为同样一团和气有两个结果，可以万事顺承，也可能一事无成。现在有一句很时髦的话：我跟我儿子处得像朋友一样。爸爸要做儿子的朋友，一起打篮球，不能赢他，还要鼓励他，甚至故意输给他。这样的话，儿子就相当于没有爸爸了，他只是多了一个年纪比他大得多的朋友而已。这样算父父、子子吗？当然不算。

此外，家和还有一个更深度的基础，叫作诚信。诚信是治家最基本的原则。什么叫诚信呢？我们可以看到，爸爸跟邻居说话要有信用，爸爸跟妈妈相处要诚信，小孩看在眼里，慢慢就懂得什么叫诚信了。小孩的诚信表现在哪里？表现在孝悌。孝是对父母的态度，悌是兄弟姐妹之间的相处。所以孝悌就变成家庭伦理、行为道德的根本。

 诚信是治家最基本的原则。
——《易经》的智慧

这样我们才知道为什么找人才，首先要看看他在家里是不是孝敬父母，是不是友爱兄弟，这就是"求忠臣于孝子之门"。可现在我们的家庭教育有一个非常严重的缺陷，就是一切为了考试，一定要孩子考名牌大学，这样下去后患无穷。因此，做父母的一定要记住，必须以身作则，而这以身作则，就是《大象传》里面所讲的"言有物而行有恒"。

要知道，小孩从小就看着父母，他会模仿父母，会把父母当榜样，父母再怎么教都没用。因此在家里面，妈妈要做子女的榜样。爸爸从外面回

来,他的表现小孩子看得一清二楚。如果爸爸一回来,妈妈就发火,把爸爸当出气筒,那将来女儿长大以后也会一模一样,这样一代一代下去,都不会有好的结果。家人卦的卦辞特别讲"利女贞",目的就在于告诉我们家道的根本是母教。

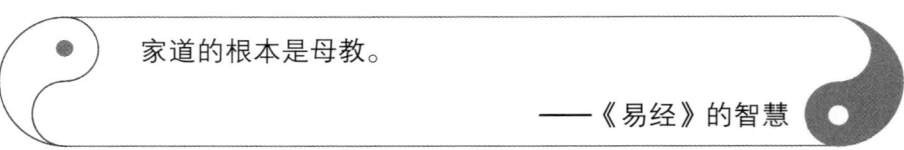

家道的根本是母教。
——《易经》的智慧

在一个家庭中,父母的言行都会成为子女仿效的对象,而家人卦则更加强调了母教的重要性,这是为什么?既然母亲的行为对于子女会产生重要影响,那么又该如何培养出优秀的母亲呢?

现在要特别重视女子的教育。但是,我们现在都是男女同校,教育的方方面面大多是针对男孩子制定的。我们不能把女儿当作儿子教,所以从小学开始,男女生的课本就应该有些不同。如果采用同样的教育方式,搞到最后,女孩子就不像个女孩子,将来长大以后,做了人家的妻子、妈妈的时候,要怎么办,她自己都不知道。

一个社会,如果女子教育不行的话,其他的统统是虚的,是不稳定的,是不会持久的。女权重不重要?我只讲一句话,各位去领悟,就是女权是智慧的象征。我们看到外国人,会觉得他们女权高涨,女性吃饭,男人要给她拉椅子,出门要扶她,穿衣服也要帮她。中国人很少这样做,所以外国人常常觉得我们对女性不够尊重。如果男性讨一个太太,要帮她穿衣服、拿椅子,是不是很累呢?再说有必要吗?我们中国人要的是实际地关心,实际地负起责任,不要让她吃苦,不要让她被人家看不起,不要让子女将来天天笑话妈妈,回家教训妈妈。

为什么我们能做到这样?因为我们在外面碰触得比较广,了解社会的万象。我们知道,家庭主妇的牺牲很大,她本可以到外面去看看,也可以

第八十一集　诚信齐家

出去做自己喜欢的工作。可是这样的话，家中谁来主持？于是，她为了家，放弃了跟外面的很多接触；为了家，很多资讯不够灵活；为了家，处处退让。女人这样大的牺牲，男人能够不照顾她、不尊重她吗？这才叫女权，我们的女权是智慧的，不像西方人是做表面的，做好看的。

我们常常说，《易经》六十四卦里面只有一个谦卦，它的六个爻是皆吉的。现在我们又发现第二个——家人卦，它的六个爻也都是吉利的。真的家里一点祸患都没有？未必，它只是给我们一些鼓励。鼓励什么？四个字：家由德化。家人相处，不是说立几个法，严刑拷打，甚至再不行，把他抓去关禁闭，就可以的。这样还算家吗？家人只能由自己的品德来感化。所以父母最要紧的就是用自己诚信的修养，去跟外面的人相处，这样小孩就会自动模仿父母，向父母学习。

家风都是忠厚积善的，只有忠厚才能够积善，而不是像社会上用对待坏人的那种方式来对待自己的家人，那就没有亲情了。所以下一集，我们从品德感化这个角度来探讨家人卦：忠厚积善。

易经的智慧·第八十二集　忠厚积善

"家和万事兴"这句俗语,表达了中国人对于家庭和睦的重视。然而,从古至今,人们都在不断寻找家庭和谐美满的秘诀,可见齐家并非易事。那么,《易经》中的家人卦,是如何阐释治家之道的?为了获得家庭幸福,不同的家庭角色,又该分别承担怎样不同的责任呢?

第八十二集　忠厚积善

我们先来看一看家人卦的卦象（图82-1），在六个爻里面初九、六二、九三、六四、九五都是当位的，只有最后一个上九，是不当位的。如果把上九变成上六，家人卦马上就变成既济卦（图82-1）了，这告诉我们只要按部就班，行得正，能够把最后一爻真正地做出来，那家人卦所要求的齐家之道就完成了，这给我们很大的鼓励。

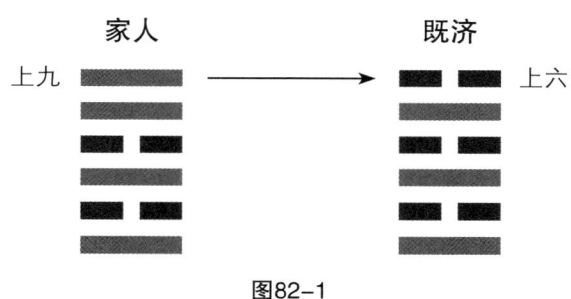

图82-1

我们再来看看每一爻应该做怎样合理的调整，也就是齐家之道。首先来看家人卦的初九（图82-2），爻辞说：*闲有家，悔亡。*

初九，闲有家，悔亡。

图82-2

"悔"，就是后悔、悔恨、遗憾的意思。初九既当位，又与六四相

应，有什么好遗憾的呢？虽然说后悔、悔恨都消失了，但我们应该知道，前面的"闲有家"是让九二"悔亡"的一个必要条件。"闲"，防范的意思。家人卦上下都有阳爻守住，这表示家的范围，有大门，有后门，如果有庭院的话，还有围墙。家庭的风气都是从这里开始建立起来的，等到家道的确很值得左右邻居来仿效的时候，墙自然也挡不住，就算隔了墙邻居也会模仿、学习你。

"闲有家"，是告诉我们先不要去管别人。现在人太喜欢管别人的事情，以至于把精力都放在左邻右舍上，甚至搬弄是非，搞得大家不安，然后再把门关起来躲在家里面发抖，生怕别人知道来找自己的麻烦，这是何必呢？

我们要了解家是有一个范围的，这个范围从哪里开始？初九。所以，初九爻就是治家的第一道防线，也是齐家之道的开始。我们要严格地防范，说好听一点，不要让外面的坏风气进来；说难听一点，不要让自己家的坏风气漏出去。防范心中之贼比较难，防范外面来的小偷、强盗，比较容易。我们要知道家里头不可以养成坏习惯，这是第一道防线，而且要严，这样家人才知道不能犯。如果刚开始就很放松，认为这是小事情，才犯第一次无所谓，一旦养成习惯以后，就很难矫正，那就有悔恨了。所以，这个"悔"是从这里来的，它要我们提高警觉，如果一开始看到家人有不良的行为，而不用心去防范、去校正，等让他养成习惯以后，我们一定会后悔。

初九的小象说：*闲有家，志未变也*。"志"，就是情操。我们有与生俱来的纯真，有与生俱来的真情，要在家里头好好保留下去，防范它变成邪恶的东西。这并不是说人性本善，但是最起码我们要勉励自己。"人之初，性本善"，其实这句话是针对远古的人类而言的。在远古的时候，人类刚刚诞生，本性淳朴善良。可是经过一代一代的污染，人们还相信"人之初，性本善"吗？我看非常值得怀疑，一代不如一代，这是我们应该十分警惕的事情。因此，我们要严加防范，不要让小孩子一开始就养成坏习惯，我们的这种意志、这种情操是不能改变的。

第八十二集　忠厚积善

每次想到我的父亲，我都非常地佩服，可以说由衷地佩服。他很坚定，不管别人怎么样，外面怎么样，他就是坚持自己的家风。世代繁衍的家族就会因为一个不合格的家长而败落下来。

家人卦下离上巽的卦象，其实象征着外部的风，产生于本身的火，影响是由内而外的，因此治家之道也从管理家中事务开始，第一步便是要建立良好的习惯和风气，防患于未然。然而，有了规矩之后，家庭成员还要各自做出怎样的努力，才能享受家庭幸福带来的快乐呢？

六二爻辞（图82-3）说：无攸遂，在中馈，贞吉。

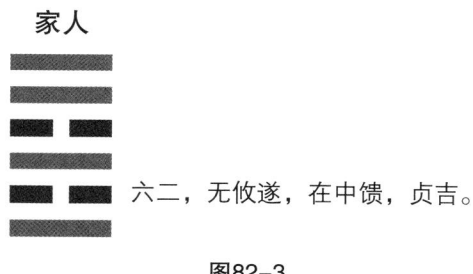

图82-3

中馈是什么？就是家中掌管饮食之事的主妇。"无攸遂"，就是无所作为。主妇主持内务，虽然对外面的事情无所作为，但是发挥柔顺之德，与九五密切配合，使得家庭和睦幸福，自然贞吉。家人卦的卦主不是九五爻，而是六二爻，用意就是以主妇作为家庭中最主要的一个角色。

在我们的观念里，都认为男人在外面有事业，有社会地位，有名声……这很了不起。其实完全不是这样，如果没有主妇让男人有一个温暖的家，让男人没有后顾之忧，他们能有今天的成就吗？现在人很奇怪，一天到晚在讲一个成功的男人背后一定有一个贤惠的女人，可是又觉得妇女在家里面所做的事情没有价值，这不自相矛盾吗？

在家主掌家务是一个很了不起的事业，可大部分人完全没有这种想法。现在很多女性被问起来现在在做什么，她说在家里做家务，就觉得很

自卑，很不好意思，其实完全没有必要。在外国，很多妇女根本不就业。当然，我没有反对妇女就业的意思。但是我认识很多女性是不工作的，其中一个还是牛津大学的博士，她学得很好，可是她跟我讲，宁可在家照顾小孩，主持家务，也不外出工作。我们要知道，主持家务并不比外出工作轻松。

有两件事情需要我们好好想一想。第一，你是否认为把家里面的事情管好是很重要的？第二，你是否认为爸爸在外面领薪水回来，就对家庭有贡献，妈妈没有收入，就不如爸爸？

举个例子，有一天，一个爸爸问他的女儿："女儿啊，你比较喜欢爸爸，还是喜欢妈妈？"其实这种话是不可以问的，因为这样问很容易挑拨是非，可现在很多人乐此不疲。这个女儿回答的也很妙，她说："我比较喜欢妈妈。"爸爸大吃一惊，说："为什么？"女儿说："你在家只会看报纸，只会看电视，只会发脾气，什么事情都是妈妈在做。"爸爸马上说："女儿，你错了，爸爸在外面比妈妈辛苦。"女儿说："你辛苦什么？"爸爸说："辛苦赚钱，要不然我们家怎么活？"女儿点点头，爸爸觉得好像这个教育很成功。

没想到一个礼拜以后，爸爸回来，习惯性地把口袋里面的零钱掏给女儿，让她放到一个小猪的储蓄罐里面。可当他把零钱掏出来给女儿的时候，她居然哭了，爸爸很奇怪，就问："你哭什么？"女儿说："你去上一天班就赚这几块钱，我们家怎么活啊？"爸爸说："这是我花钱剩下来的，薪水是一笔一笔打到卡里面的，你不用慌张。"这种教育更糟糕。所以我们常常说越帮越忙，越搞越糟，就是自己没有很高尚的情操，很坚定的意志，没有作为爸爸应尽的责任观念，这样怎么能教育好子女呢？

爸爸的责任里面有一条，就是帮助子女了解妈妈的重要性，帮助子女了解妈妈对全家的贡献。妈妈的责任也是一样，帮助子女了解爸爸回来为什么有时候脾气不好，帮助子女了解爸爸经常在外面做什么。这才叫作相互扶持，这才是风火互相依存。现在不是，妈妈动不动说：你给我乖一点，要不然爸爸回来就揍你，爸爸可没有妈妈这么好说话——这是出卖爸

第八十二集　忠厚积善

爸。爸爸也是一样的道理，下班回来买了玩具，把小孩拉到一边，说你看这个多好玩，拿去给邻居的小明看看，让他们也羡慕羡慕你——这算家教吗？

六二之所以特别告诉我们无攸遂，就是因为它是地道。我们要记住，地道是无成有终的。大地养育万物，成长万物，可它本身有什么成就呢？大地的伟大就在这里。它要功劳干什么？要成就干什么？大地只是有始有终，配合大自然的发展，就够了。所以六二告诉我们，家庭主妇是无所成的。就是主妇不要一天到晚跟先生去比，有什么好比的？先生是先生，主妇是主妇，各有不同的责任。

"在中馈"，就是只主持饮食之事的意思。其实现在"中馈"不应该解释为厨房，因为时代变了。以前的女性开始就要学会烹调，目的是让先生回家吃晚餐。各位想想看，爸爸回家吃晚餐，跟不回家吃晚餐，后果会怎么样？爸爸回家吃晚餐，说明他整个的需求，可以在家里获得满足。不回家吃饭，说明他有些需求是在外面的，这样就可能发生很多问题。"在中馈"，今天的意思已经不这么偏窄了，它说明家庭主妇处在下卦离卦的中位，要守中，不要去问外事，要顺着九五，这样就得妇道之正。这几句话包容万象，内容非常丰富，各位好好去想一下。

家务事是大事，不是小事。六二的小象说：**六二之吉，顺以巽也**。家庭主妇要有柔性，有谦逊的美德，能够用柔软的身段，让一家人相处愉快，这是她最大的功劳，最了不起的地方。

家人卦的六二爻当位，又处下卦之中，与九五相应，象征着家庭中的妻子柔顺又谦逊，全力以赴执掌家务事，虽然事业上的成就可能不大，但却是作为妻子应该守持的正道，丈夫以及子女都应该尊重并感谢她为家庭做出的贡献，这样家庭便能其乐融融。然而，是否家人之间永远一团和气就代表家庭很幸福呢？丈夫又该对家庭尽到哪些责任呢？

九三的爻辞（图82-4）是：**家人嗃嗃，悔厉，吉。妇子嘻嘻，终吝。**

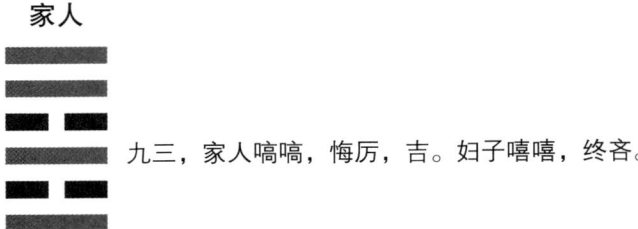

图82-4

九三，阳刚过中，而且处于下离卦的上端，所以有点过分。治家太严了，好不好？我们来讨论一下。治家要严没有错，但是如果过严，结果会怎么样？"家人嗃嗃"，好像很严酷的样子，大家都有点害怕。

我相信很多家庭都是这样的，小孩子一听到开门赶快出来看看，是不是爸爸回来了。外国的小孩一看到爸爸回来，马上跑过去，抱住爸爸说"I love you"，两个人好像久别重逢一样。中国小孩有这样的吗？一伸头看爸爸脸色不太对，赶快回去做作业，谁都不出去，出去不是讨打嘛。这样虽然有点好像伤感情，有点不够亲情，但却是吉祥的。为什么？因为小孩慢慢长大会知道，幸好爸爸是这样，他才懂得怎么去因应，怎么去应变，怎么察言观色，要不然出去工作了，连老板的脸色都看不懂，那不是很糟糕？现在的年轻人，之所以一到社会就觉得样样都不对劲，就是因为爸爸完全没有做出好的榜样来。

子女离家进入社会以后，老板怎么骂他，怎么给他脸色看，他都不会觉得很难过，为什么？因为子女会觉得老板跟爸爸比还差一点，爸爸比他还凶，这样子女就能够很好地适应社会。爸爸对子女很客气，待子女如上宾，一旦老板给他脸色看，他就有很大的挫折感，好像天要塌下来一样，甚至辞职。同样地，如果"妇子"，也就是妈妈跟子女，整天嘻嘻哈哈、打打闹闹，最后也一定会有很大的遗憾。

九三爻告诉我们，治家宁可稍微严一点，也不可过宽，因为由严入松容易，而由松入严却很难。从小把小孩塑造成规规矩矩的，随着年龄增长

第八十二集　忠厚积善

慢慢放松，这是非常愉快的事情。如果从小就放松，那根本就没有办法教，对谁都没有好处。

> 治家宁严勿宽，因为由严入松容易，而由松入严却很难。
> ——《易经》的智慧

九三的小象说：*家人嗃嗃，未失也。妇子嘻嘻，失家节也。*"未失"，就是没有失掉家规。治家稍微严一点，其实是对家庭最大的贡献。想想看，如果你是爸爸，一回家就开始讨好子女，那你居心何在？是想离间子女跟妈妈的感情吗？还是想把小孩拉到你这边去共同对付妈妈？这没有必要。但是有很多人就是这样，一回家第一件事情就讨好小孩。这样的人就要好好学习家人卦的第三爻。家里面总要有一个人让小孩看到就有戒心，否则他会越来越天不怕地不怕，有一天连家人也控制不了他的时候，作为家长，心里会不会感觉很痛呢？

当妈妈跟小孩子一起嘻嘻哈哈，没大没小的时候，"失家节也"。家节就是家教，意思是就算一团和气，就算很快乐，也已经没有家教了。这句话给我们一个很重要的启发，就是虽然严厉一点，有伤和气，有伤亲情，但不会有失家教。因为有失家教跟有伤亲情相比，有失家教更加可怕。

我爸爸到晚年，待我真的跟朋友一样，可我却不敢把他当朋友，一辈子都不敢。为什么？因为我有顾虑。我从小就知道爸爸是很难商量的，只要有错，他不管我怎么样，都会马上告诉我。我有这个心理准备，反而觉得有事情跟爸爸商量是好的。因为没有人比爸爸更了解我，也没有人比爸爸更完全百分之百站在我的立场来想。这样各位才知道，为什么父母过世以后，我们要把祖神牌立在那里，当他们好像活着一样？就是因为有很多不方便跟别人商量的事情，回去跟他们商量商量，好像他们还在一样，这对我们绝对有好处。

一个家庭中，丈夫的责任便是严谨治家，虽然有时过严，可能会使得子女与自己感情疏远，但是也不能让孩子有失家教，否则好不容易在初九爻中建立起来的家规，便会荒废，最终导致家道衰败。那么家人卦中，除了下卦三爻阐释的齐家之道外，上卦三爻又能对我们的家庭生活，起到怎样的指导作用呢？

六四爻爻辞（图82-5）说：**富家，大吉**。

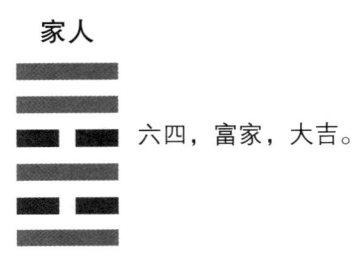

图82-5

因为前面三爻做得很好，到了第四爻，就是"富家，大吉"。六四柔居阴位，不仅当位，而且还跟初九相应。这时候，应该怎么样做呢？就是家庭中人人要守本分，尽责任。六四上面是九五，下面是九三，它处在两个阳爻的中间，上承九五，下乘九三，表示六四既不犯上，也不骄下。不犯上，意思是家庭主妇不老在别人面前，尤其是子女面前，跟丈夫吵架。就算吵赢他有什么用？主妇已经失掉子女对母亲的信心。不骄下，就是一个好的主妇，哪怕是对来帮忙的家政人员，都一点不傲慢，一点不轻视他们。这样的话就可以达到一个效果，叫作富家。

看相的先生常常讲某个妇女有帮夫运，这是很大的光彩。女子嫁到哪一家，哪一家就兴旺；嫁给哪个人，哪个人就得到好处，那女性为什么不做这样的人呢？不要让先生感觉到，他们家本来是很好的，可是自从娶了自己之后，他跟爸爸没有话讲了，跟兄弟也很疏远了，而最可怕的就是他的朋友都跑光了。如果一个人娶媳妇以后，所有的朋友都跑光了，那以后的日子怎么过呢？

第八十二集　忠厚积善

六四的小象说：**富家，大吉，顺在位也**。想想看，六四的上下都是阳刚的，如果它不顺的话，怎么去承上启下呢？所以柔能克刚，在《易经》里面是很重要的精神，以硬碰硬，只能两败俱伤。

《易经》认为，柔顺是女人的天性，而在家庭中，女人更应该利用柔顺的优势，调和化解一切矛盾，使得家庭成员人人守本分，尽责任，从而令家庭美满幸福。此外，当家庭内部齐心协力之后，又该如何感化他人，使得生活环境也安宁美好呢？

前面已经讲过了，家人卦的卦主是六二爻，不是九五爻。那九五爻是什么？就是当一个人富家大吉以后，可以向外推展。但不是自己主动向外推展，而是人家主动来向我们学习。如果我们到处去宣扬自己家多好，小孩教得多好，讲一大堆，可能也没有人喜欢听。

九五爻爻辞（图82-6）说：**王假有家，勿恤，吉**。

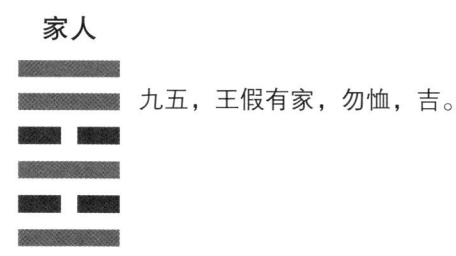

图82-6

如果一个人已经齐家了，那么他就是个小国王。"勿恤"，就是不用发愁，家里都齐了，人家自然会来模仿。

举个例子。隔壁住着两家人，一家吵吵闹闹，另一家很安宁、很和谐。那个吵吵闹闹的家庭，刚开始没觉得怎么样，久而久之就感到很奇怪：大家都是人，为什么隔壁很安宁，而自己家却吵得这么大声？有一天那个吵得很凶的人觉得实在不好意思，就带着小孩去拜访隔壁那一家，各位猜猜看，这位被人家访问的家长怎么说？他说：我们家其实跟你们家一

样,大家都是吃同样的米,在同样的环境下长大,我们家一点特别的也没有。这个人说:你客气了,你们家真的很和谐,我们家就是和谐不了。他说:因为我们家都是坏人,所以吵不起来,你们家都是好人,所以天天会吵。这个人说:你乱讲,你这是给我们面子,给我们台阶下。他说:我讲的是真话,我们家为什么都是坏人?比如我们的脚踏车一旦被偷了,马上有人说这是我的错,因为我骑出去,没有上锁,很容易被人家骑走。另外一个人说,哪里是你的错?那个锁是我弄坏的,我没有去修,也没有买一个新的。每一个人都错的时候,就不会吵了。你们家不是,你们家都是好人,你说我丢了脚踏车,你们不要赖我,那是因为他把锁弄坏了,没去修才会丢。他说怎么会是我弄坏的?我骑的时候锁就是坏的。你看每个人都是好人,所以就吵成一团——这个很值得我们好好去想一想。

当我们每个人都认为自己有缺失的时候,还会吵吗?"王假有家",假就是感化的意思,我们以治家之道来感化一个国家,以治国有方的成效来影响全世界,那天下就太平了。

九五小象说:**王假有家,交相爱也**。我们今天讲的博爱、兼爱,其实都不太符合人性。人一定要有亲疏,一定要有远近,一定要做到人家主动来向我们学习才有效。当然,我们并不是说博爱不对,只不过博爱只是理想而已。"交相爱",就是老吾老以及人之老。先爱自己的父母,然后推出去再去照顾别的老人家,这里面有一个过程,要一步一步来,不可能一下子扩展到全天下。

家人卦的六个爻中,从初九到九五都当位,只有上九爻以阳居阴位,不当位,其实这正是提醒人们,家庭一时的和谐幸福容易做到,可是家道的长久不败,却是很难维持的。那么,作为一家之主的上九爻,应该怎样做,才能防止家庭最终分崩离析呢?

上九爻的爻辞(图82-7)说:**有孚,威如,终吉**。

第八十二集　忠厚积善

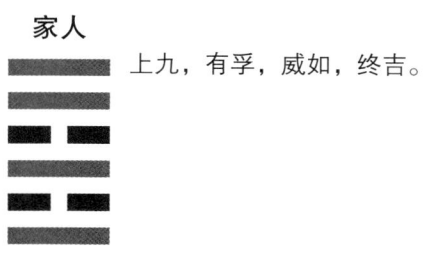

家人

上九，有孚，威如，终吉。

图82-7

上九爻辞的意思是说，让所有向你们家学习，所有以你们家为模范的人，都能够心悦诚服。"威如"，就是要维持原来庄严的态度。从初九"闲有家"一直来到上九"威如"，有始有终，都要维持相当的尊严。因为如果小孩子心中没有一点畏惧，迟早有一天真的会天不怕地不怕，这时候家教就很难维持得了。"畏"，不是害怕，而是敬畏的意思。用现在的话来讲，就是要让小孩一生一世都觉得不能对不起父母，不能让父母蒙羞，不能让别人笑话自己的父母。一个人到七老八十了，如果做事情还会想到如果父母在的话，自己这样做他们一定觉得很难过，这就叫威如。"如"，好像的意思，好像父母的威严还在。这对我们一生一世都有帮助。"终吉"，这样到最后都会很吉祥。

上九的小象说得好：**威如之吉，反身之谓也**。意思是回过头来自我检讨，看看自己是不是做到了家人卦所讲的"言有物而行有恒"。上九是阳刚的，它在全卦的最高位，照理说这是很可怕的，因为很容易高亢。但是如果能够"反身"，也就是自我检讨，还是会获得吉祥。一家之主不患没有威严，所患的是在自己的威严之下，能不能够让家人心悦诚服，所以爻辞中，"有孚"摆在"威如"的前面。

孟子说：身不行道，不行于妻子。如果自己都没有按照道理去走，怎么有资格去要求妻子儿女呢？但是大多数人无法维持到最后，子女长大了，自己也老了，而且又不当家，还管那么多干什么呢？因此，辛辛苦苦建立起来的家很快就离散了。要知道，一个家庭维持起来很难，但分崩离析只在旦夕之间。

所以家人卦后面紧跟着就是睽卦，大家都长大了，各人有各人的想法，很可能家就四分五裂了，这都是事实，那我们应该怎么应对呢？下一集，我们就要来讲：多疑之害。

易经的智慧・第八十三集

多疑之害

俗话说，天下大势，分久必合，合久必分。如果说家人卦象征着家国的团结和睦，那么它的综卦——睽卦，就代表着家庭破散、兄弟阋墙的局面。那么，是什么原因导致了人心四散、分崩离析呢？虽然背离的现象已经产生，但是中国人往往是劝合而不劝分，这又体现了睽卦怎样的精神呢？

第八十三集　多疑之害

中国社会最基本的构成单位是家庭。家庭成员之间，有非常浓厚的亲情。这种亲情，这种血缘关系，真是血浓于水。一家人，就应该和乐美满，相互照顾，同时要相亲相爱。可是，现在有很多家庭，都是破镜难重圆，最后完全破裂，甚至兄弟手足阋墙。更有甚者，还有父子成仇，相互敌视的情况发生。这是什么道理？我们读了《易经》就知道，一阴一阳之谓道。如果世界上都是同样的模式，如果大家都走同样的路子，那人类就没有彼此观摩的必要了，也不可能从差异中学习。如此一来，人类的脑筋就会越来越单纯，以致最终变成痴呆。可见，任何事情，都是一阴一阳，有黑就有白，有好人就有坏人，有聚合就有离散。有些人在没有搞到家破人亡之时，是不知道家和万事兴的道理的。可见任何事情，如果从负面思维出发，从坏处着眼，它就是不好的现象；如果能够从相反的角度去观察它，可能会觉得情况还没有太糟。再恶劣的情况也有其价值，最起码它能给予我们一些启发。

所以，《杂卦传》一开始就说：睽，外也。可见，它跟家人卦是相对的。因为，"家人，内也"。家人卦是说家庭内部的事情，内部的事情是很好沟通的。中国人受到刺激时会说，你把我当作外人！他说这句话的意思，就是表明彼此之间已经不那么和睦，甚至在重大问题上已经不能同心，已经开始背道而驰了。你心中没有我，我心中没有你，这就叫外人。你心中有我，我心中有你，我们就是一家人。因为我们的心是一致的，并不是说一家人非得同姓不可。可是，现在很多人，表面上是一致的，而实际上却貌合神离。

睽卦的卦形就很有意思，它的上卦是离卦，下卦是兑卦（图83-1）。

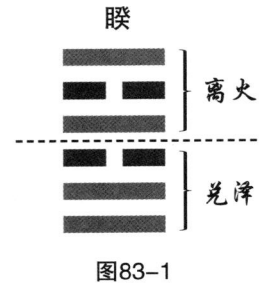

图83-1

离就是火,火炎上。因为火的性质是向上走的。而泽是水,水润下,它往下流。一个往上,一个往下,可见它们两个没有交集,完全是背道而驰,各自分离,所以叫作睽。但是我们再看,离卦是阳卦还是阴卦?它是阴卦,代表中女。兑卦是阴卦还是阳卦?它还是阴卦,但它代表少女。所以,睽卦的上下两卦之间的关系是姐妹,她们不是妻妾。大家千万不要以为她们是妻妾的关系,认为一个男人,既然有了正房妻子,又娶了个小太太,难怪家里会闹不和。其实,就算是一夫一妻,还不是有很多家庭都闹不和?今天,这样的事例太多了。

我们常常用"情同姐妹"来形容两个女孩的亲密关系,感情都像一家的姐妹一样,实在没有比这更亲近的了。可是,就算如此,姐姐妹妹长大了以后,都是要嫁人的,而且,姐妹两人同嫁一夫,这种概率实在太小。当然,在中国古代有这种情况,可毕竟少之又少。姐妹两人出嫁以后,感情就慢慢地变得疏远了。比如,妹妹刚回到娘家,发现姐姐早回来了,她就不免怀疑:你这么早回来干吗?是不是妈妈把最好的金手镯送给你了?长此以往,亲密的姐妹就慢慢地变得疏远,最后形同陌路了。这就是睽,这是很自然的,谁都避免不了。所以,父母经常在儿女尚小的时候,就教导他们要相亲相爱,甚至为了预防日后可能发生严重后果预先做一些预防措施,这是迫不得已的未雨绸缪。

所以,中国人很早就建立了一种共识。我们常说,嫁出去的女儿,就好像是泼出去的水,收不回来。是不是这就意味着要重男轻女,就意味着不必重视女儿呢?当然不是。我们这么做,有一定的道理。出嫁的女儿,

第八十三集　多疑之害

如果三天两头回娘家，那她能跟婆婆处得好吗？作为亲家的两个家庭能相处得好吗？当然处不好。就算有联姻关系，也免不了人多口杂，不定生出什么口角。

儿子其实也一样，会不时地招惹是非。比如，八月十五中秋团圆节，全家人聚在一起，唯独小儿子没有回家。这时，作为妈妈，本该骂他才对。因为他不孝顺呀，这么重要的团圆节日都不回家。可是，做妈妈的竟然当着全家人的面唉声叹气，这让其他的儿女怎么想呢？他们肯定会觉得，妈妈偏心啊。眼前在家的儿子女儿看不到，偏偏想着那个漂泊在外的儿子。那我们明年也不回来算了。可妈妈在这种情况下还说：你们能回来，我很开心，可是不能因为我们团聚了，就不想他了呀，你们是兄妹呀。她能讲出一大堆的道理来。可是家庭原本不是讲理的地方。做父母的天天对儿女讲道理，迟早把感情讲没了。这种情况，在现代所谓的三口之家特别常见。

俗话说清官难断家务事，一个家庭出现了不和谐的声音，此时外人无法介入，而内部又是公说公有理、婆说婆有理，但是谁也说不清、理不顺。那么，面对这样的情况，我们该如何因应呢？难道真的就放任自流吗？

那我们怎么办？我们是不是坦然地接受这种情况，顺其自然，就可以了呢？反正我们相信合久必分，分久必合。这样可以吗？当然不可以。《易经》的本意绝非如此。有人说，《易经》是告诉我们要顺应自然规律，其实这话也只讲对了一半。我们一方面要顺应自然规律，但同时也要发挥人的主观能动性。要不然老天赐予人的创造性、自主性有什么用呢？那人跟动物有什么区别？动物是完全顺应自然的，他没有什么自主性。可人不一样，人在顺应自然的同时，也要有所作为。所以，睽卦的重点不在于告诉我们，分久必合，合久必分。睽卦的重点只在四个字，叫作化睽为合。一个家庭出现裂隙了，要赶紧把它重新聚合起来。

 人在顺应自然的同时，也要有所作为。

——《易经》的智慧

《序卦传》说：家道穷必乖，故受之以睽，睽者乖也。这里，用了一个"穷"字，就说明已经走投无路了。为什么不说家道富必乖？因为一个富裕的家庭，兄弟之间是舍不得分家的。大家在一起，就算有时候某个人偷一点财产据为己有，大家也会见怪不怪，不会追究，毕竟财产很多，不必为了一点小财而斤斤计较。可是，再富裕的家庭，也会慢慢变穷。中国人常常讲，富不过三代。能够长久保持富贵，是不大可能的。一个富贵之家，就算没有受到外部的冲击，时间一久，也会从内部烂起。所以，一穷就会乖。"乖"，就是彼此都看不顺眼。所谓众目睽睽，就是惊讶地睁大了眼睛。为什么会惊讶？就是因为这不符合常态。只要一家当中每个人的眼睛都开始睁得大大的时候，这个家就开始破败，开始要散架了。

外贼好防，家贼难防。大家可以想一下，朋友打击你的力道强，还是兄弟伤害你的力道强？当然是兄弟了。在外人看来，弟弟说哥哥的坏话，多半是真的。如果是邻居讲的，大家可能还会半信半疑，认为邻居造谣生事。

"家道穷必乖，故受之以睽"，睽就是乖离，就是背道，就是离散，就是心里头产生了距离，而且越拉越远。睽卦的大象传说：上火下泽，睽。君子以同而异。它就在告诉我们，不要接受这种现象。相反地，一旦看到睽象，就要赶快想办法磨合，要化睽为合。这才是睽卦的真正意思。

 化睽为合，这才是睽卦的真正意思。

——《易经》的智慧

睽卦的卦辞（图83-2）说：睽，小事吉。

第八十三集　多疑之害

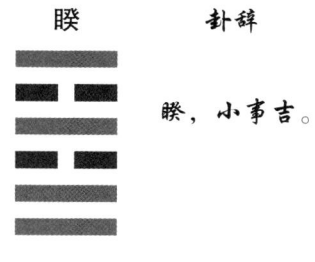

睽　　卦辞

睽，小事吉。

图83-2

"小事吉"，这三个字是什么意思？它告诉我们，小事吉，大事就不吉了。所以，我们读《易经》，不能一听到"小事吉"，眼睛就盯在小事上，甚至沾沾自喜。我们还要想到大事怎么样，中事怎么样。大小事一并考虑，才能了解睽卦。

《易经》的思维是阴阳辩证的思维，要求我们看到阴就要想到阳，看到阳就要想到阴，进而想到阴阳互动的结果，这样才能全面地了解事物。那么，回到睽卦的卦辞"睽，小事吉"，究竟什么是大事？什么是小事？而"小事吉"又代表着什么意思呢？

什么叫大事？兴师动众叫大事。兄弟吵架，吵到各自把外面的朋友找来，对着干，这事情就太严重了。这也叫大事。那什么是小事呢？小事就是穿衣饮食。看到好吃的，先下手为强；看到漂亮的衣服，马上抢购回来，这都是小事情。

当大家有意见分歧的时候，不要意气用事，不要觉得关系迟早要破裂，而是要理智对待：这种小事，大家可以好好商量，不要动气。但是小事一旦变成大事的时候，再想用这种方法来处理，大概就没用了。现在很多国家，当内部不安定的时候，它用什么办法来解决？就是对外发动战争，用侵略外国的方法来暂时缓和、稳定国内的形势。这就叫大事。这样来处理大事就完了。凡是任何事情搞到要诉之战争了，那就不叫睽了。可是这样解释还是不能够透彻地来理解睽卦。我们可以看到睽卦的上下两卦

都是阴卦，阴为小。这是不是说，女人来处理这些小事比较方便、有效？不是。"小"在《易经》里边经常解释成"柔"。当大家有意见，当大家的心越来越疏远的时候，要设法用"柔"的方式来解决，这样才吉祥。如果我们用刚烈的手段来解决，压迫不同的意见，使所有的人都臣服于自己，就是不吉祥的。所以，我们应该从诸多事例当中来好好体会"小事吉"这三个字。

千百年来，求同存异、世界大同一直都是人类共同的理想。既然人人都喜欢聚合，那为什么还会出现那么多睽离的现象呢？睽卦的彖辞又是如何说明这一点的呢？

睽卦的彖辞说：睽，火动而上，泽动而下，二女同居，其志不同行。说而丽乎明，柔进而上行，得中而应乎刚，是以小事吉。天地睽而其事同也，男女睽而其志通也，万物睽而其事类也。睽之时用大矣哉！

因为上卦离是火动而上，下卦泽是泽动而下。她们一个是中女，一个是少女，同住在一个地方，所以叫二女同居。睽卦上九爻跟初九爻构成一个范围。在这个范围里面，两个姐妹是住在同一个地方，可是其志不同行。"其志不同行"，就是两个人志向不一样，而且行为也不相同。"说而丽乎明"，"说"在这里应该念"悦"，明就是离卦，丽就是附着。快乐是附着在光明面上。只要大家心地光明，就会愉快。那现在为什么不愉快？就是心地不光明了，主要还是大家的心已经背离了，表面看起来很好，见了面可能还拥抱、寒暄。但是，拥抱不代表真情，寒暄也不代表热情，这是人类很可悲的地方。

"柔进而上行"，是指六五爻。我们分析的好几个卦都很赞美六五爻。因为六五爻有两个很明显的优点：一是非常温柔；二是协调能力很强。而不是说它很有魄力，很了不起，高高在上。六五爻不会用这种刚强的方式来处理事情，而是用柔和的手段来调和各种矛盾。所以，它能够稳居君位，同时整个团体也很团结，很了不起。

第八十三集　多疑之害

"得中而应乎刚",六五是不当位的,可是它得中,因为它处在上卦的中位。"刚"就是九二爻。六五爻和九二爻相应,这就是很好的现象。那为什么特别强调是"小事吉"呢?就是说六五用柔不用刚,这样才能够成大事,才能够没有后遗症,才能够给大家带来很吉祥的情境。

"天地睽而其事同也",天和地是分离的,可是它们所做的事情是完全一样的,都是为了让万物得以生生不息。如果天不尊地不卑,两个压在一起,那万物怎么生长?"男女睽其志通也",男人有男人的体态,女人有女人的性情,他们不相同,可是他们的情义是相通的,我们把它叫作异性相吸。"万物睽而其事类也",就是说万物的品种都不一样,物种各不相同,但是它们的要求、它们的功能其实是很相似的。所以,结论才说"睽之时用大矣哉"。在什么时候,就要做什么事情。在睽的时代,要想真正有一番作为,就必须求同存异,用柔的方法,从共同的地方入手,使大家重新聚合在一起。

所以大象说:**上火下泽,睽。君子以同而异**。上卦是离卦,叫作火;下卦是兑卦,叫作泽。这是自然景象。可是君子很聪明,看到这种景象就说,"君子以同而异"。君子要知道,天下不可能一同,只能大同,大同而小异。所以,我们只主张大同,不可以要求一同。大家之所以都不喜欢美国,就是因为它搞单边主义。单边主义就是一同:只有自己才对,跟自己不一致的都是错的。美国实行两党政治,全世界所有国家都得跟着学习,否则就不民主。美国人不懂得《易经》。睽卦的"以同而异"就是求同存异。如此,睽象就可以慢慢地化掉,最终心志通,而结合在一起。

睽卦告诉我们要用柔性的方法来化睽为合,这在人和人之间是比较容易实现的,但是如果是国家与国家之间出现了背离,就比较麻烦了,因为它们之间有着意识形态和政治理念的根本差异。那么,面对这样的情况,我们又应该从何处入手,化睽为合,逐渐达到世界大同呢?

事物虽然睽,但是它们必有共同之处,用我们现在的话来讲,叫交

集。两个人再怎么疏离，只要想办法把他们拉近，使他们有了第一次接触，就有可能深交。初次的接触，是破冰之旅。冰破了，水就可以自由地流通了。人类共同的需求是什么？就是想过好日子，想吃好东西，想穿好衣服，然后优哉游哉，晚年有很好的依靠，这是经济方面。经济是很好沟通的，但政治不一样。中国人都知道，政治方面的沟通很困难，它涉及不同的制度、不同的主张、不同的利益博弈。在这方面求同存异，是非常困难的。

但是，大家在吃饭穿衣这些小事情上，可以各取所需，求大同而存小异。所以，我们无论做什么都要从容易、简易的方面着手，这是化睽为合的一种合理的方法。如果老想把那些矛盾已经根深蒂固的人们弥合在一起，甚至不惜使用刚硬的手段，最后很可能是自取其辱，大祸临头。如果把难谈的事情放在一边，用柔和的手法来处理那些相对容易的事情，则可以获得成功。柔能克刚，不为已甚，手段合理，不要太过分，徐徐地去转移化解问题，这才是合睽的要领。

 柔能克刚，不为已甚，手段合理，不要太过分，
徐徐地去转移化解问题，这才是合睽的要领。
——《易经》的智慧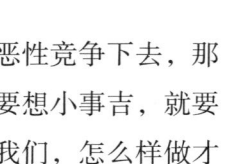

所以，整个说起来，21世纪的人类，如果再持续地恶性竞争下去，那就叫大事凶。大事凶，最后一定会引发战争。我们现在要想小事吉，就要谨守四个字：和而不争。其实，睽卦的六个爻都在告诉我们，怎么样做才能够和而不争。所以，下一集我们来讲：和而不争。

易经的智慧・第八十四集　和而不争

俗话说：家和万事兴，国安享太平。人们都憧憬和谐美满的生活，然而现实生活中，或多或少都有着一些背离的现象。面对睽离，睽卦给我们的启示是：化睽为合。那么，睽卦六爻是如何逐步化睽为合的？我们又应该怎样做，才能够把睽卦的求合精神，与年轻人追求个性的特点相结合，从而做到求同存异呢？

第八十四集　和而不争

睽卦是一个比较特殊的卦。一般人听到都会觉得这个卦应该不太好，要不怎么会睽呢？但是我们看到，从初九到六五这五个爻，都是无咎的。就是最后一爻——上九爻，也是吉祥的。为什么会这样？睽卦的六爻都有遇合的情况发生。这就告诉我们：如果看到睽象，干脆放任不管，那真的就凶了。可是，大部分人不会这么做，人们总是觉得大家聚在一起不容易，为了一点小小的误会就散伙，实在不值得。只要抱持这样一个遇合的心态，那此卦的六个爻都是比较好的。

由此可知，在离婚率节节攀升的当代，睽卦给我们很大的启发。我们看到，家人卦意味着两个人情投意合，然后结合成为一家人。可是一旦有了矛盾、分歧，说离就离。可见家人卦之后，很容易就睽，一睽就凶了。我们从这里可以意识到，当两个人吵架的时候，一定要记住：我们毕竟是一家人，不可以因为一时的嘴角，就要离婚。只要双方心存这一正念，就不会把事情搞砸，不会把家庭搞得天翻地覆。所以，中国人劝合不劝离。我们很少像西方人那样，既然合不来干脆离婚算了，免得大家都痛苦。其实，夫妻吵架是难免的。古人说，哪有舌头不碰牙，哪有夫妻不吵架？古人还说，夫妻之间，是床头吵架床尾和。夫妻虽然吵吵闹闹，但一会儿也就气消了，居家过日子，哪有什么大不了的事情。就算兄弟吵架，等到大家平心静气之后，也会觉得这没什么好吵的。我们中国人是好合不好睽。基于这种民族本性、这种信念，睽卦的六个爻最终都是无咎的，甚至是吉祥的。所以，睽卦是很特殊的一个卦。

我们看初九爻，初九爻的爻辞（图84-1）是：**悔亡。丧马，勿逐自复。见恶人，无咎。**

睽

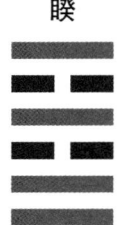

初九，悔亡。丧马，勿逐自复。见恶人，无咎。

图84-1

"悔亡"，本来有悔的，现在消失了。怎么会有悔呢？下面就说得很清楚。"丧马，勿逐自复"，丢掉一匹马，但不要去追，为什么？因为它能自复，就是自己会回来。"见恶人，无咎"，就算碰到坏人，也没有什么后遗症；就算碰到跟自己志不同道不合的人，碰到那种跟自己有很大的意见分歧的人，也能做到无咎。此处的无咎是做到无咎，而不是自然无咎。因此，整个初九爻的爻辞告诉我们，有一匹好马，本来可以骑上去玩耍一番。现在马丢掉了，急也没有用，要耐心等一等，就算是别人偷走了，也不必计较，就算那个偷马的人出现了，也不要凶狠地指责他，更不要到法庭里面去告他。这样，那匹丢掉的马自然就会跑回来，那就无咎了。这告诉我们，在睽的情景出现的时候，要用最大的包容之心来处理，来面对。

在睽的情景出现的时候，要用最大的包容之心来处理，来面对。
——《易经》的智慧

初九的小象说：**见恶人，以辟咎也。** 当我们看到坏人的时候，要知道自己当下并没有足够的能力来与之对抗，所以，要先求自保。

抱持着自保的心态，就会自觉地避咎，本来有咎也变成无咎了。所

第八十四集　和而不争

以，我们身处初九爻的时候，一定不要乱动。一旦乱动，必然有悔，一定有咎。如果此时有足够的修养，就知道要慢慢地来对待，要使用怀柔的手段，这样才能小事吉。

睽卦初九爻告诉我们，遇到睽离的情况时，要用柔和的方式去化解，避免正面冲突。然而，有些事情你越想逃避，它就偏偏越容易发生，让你避无可避，甚至到最后出现了冤家路窄的情况。那么这个时候，我们又应该如何因应呢？

九二的爻辞（图84-2）说：**遇主于巷，无咎**。

图84-2

初九遇到恶人，是遇合。现在九二爻遇主，就是更重要的遇合，为什么？终于碰到主人了。主人是谁？就是六五。六五是不当位的，九二也不当位。两个爻都不当位，表示他们没有办法在大路上见面。因此遇合的地点，只能是小巷子。其实，这样反而更好。因为在背离的情形当中，九二和六五两爻本来是不能见面的，可是现在反而相遇于小巷，这种意外得来的机会应该好好珍惜才对。这样，当然就无咎了。九二爻告诉我们，当马丢掉了，当遇到恶人的时候，起初是没有办法来应对的，因为能力有限。此时要韬光养晦，以待时机。等碰到主人的时候，要委曲求全，好好地和他配合，把力量结合起来，才能化解睽象。

所以九二的小象说：**遇主于巷，未失道也**。就是说没有偏离求和的路子。如果每个人都按照自己的心意去走，你走你的阳关道，我过我的独木

桥，那最终两人就会南辕北辙，这样就没有办法遇合了。

现在，两人竟然在小巷子里抓住了相遇的机会。有时候，冤家路窄反而是好事情。这就是所谓的一阴一阳之谓道。它有不好的一面，就有好的一面。这是什么意思？就是说两个是冤家，本来都发誓老死不相往来的，可是偏偏又见面了，那怎么办？两种处理方法：要么当面吵架，要么干脆眼不见为净，离远一点。可是九二爻告诉我们，既然是冤家，路又这么窄，逃避也不是良策，那还不如抓住这个机会化解一下以前的误会。我们中国人常说，度尽劫波兄弟在，相逢一笑泯恩仇，睽卦的原则就是化睽为合，毕竟冤家宜解不宜结。

> 度尽劫波兄弟在，相逢一笑泯恩仇，睽卦的原则就是化睽为合，毕竟冤家宜解不宜结。——《易经》的智慧

睽卦九二爻告诉我们，只要秉持化睽为合的原则，不管遇到多大的困难，即使冤家路窄，最终也能走向遇合。然而，分合为睽易，化睽为合难。那么在求合的道路上，还会遇到怎样的考验？我们又该如何因应呢？

六三爻辞（图84-3）说：**见舆曳，其牛掣，其人天且劓。无初有终。**

睽

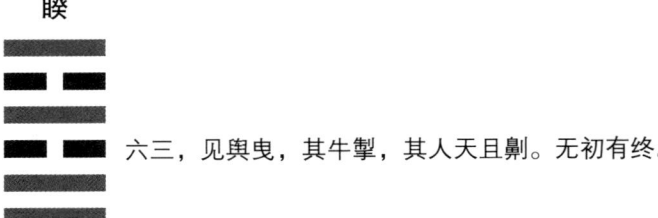

六三，见舆曳，其牛掣，其人天且劓。无初有终。

图84-3

"舆"是大车，"曳"是拖住的意思。"见舆曳"，那个大车子被别人拉住了。六三是不当位的，而且它快要接近光明面了，所以很有冲劲。

172

第八十四集　和而不争

可它偏偏被别人拉住了。被谁拉住？被九二拉住。初九跟九二两爻是依靠着六三的。如果六三爻往上冲的话，那九二爻也忍不住往上窜，就不会跑到小巷子里面去。同时，最下面的初九爻很可能制造问题，最后搞得乱象丛生，一发不可收。现在为什么初九不会后悔，九二会碰到它的主人？就是因为有上面的六三把初九、九二挡住，让其凡事不要急，要慢慢地来。

六三本身被九二拖住，又被九四限制住，所以"其牛掣"，"掣"的意思就是牵制。六三身处九二和九四之间，其向上的冲力被九二和九四化解了。这还不算，还有更糟糕的情况在后面。车子有问题，牛有问题，只要人没有问题，那还有救。可现在连人都出了问题。"其人天且劓"，人被刺额，意即人受了刑罚。"天"就是刺额，"劓"就是把鼻子割掉，这还了得。那这是谁搞的？上九。六三遇人不当，遭受此祸。因此六三不得已，只得走一条叫作无初有终的路。"无初有终"就是想动的时候反而不能动，想走正路有人阻挡，最后只好走弯路。这也是睽卦很无奈的地方。要退退不得，要进进不得，脸上又被刺字，怎么办？只好按兵不动了。那为什么会"有终"呢？因为它坚持，才会有终。虽然整个睽卦都没有讲坚持，但是既然这么困难，既然要化睽为合，不坚持能行吗？所以，六三意志很坚定，坚持要合。最后终于能够突破重重阻碍，无初有终了。这就是求同存异。

在乖离的不利局面下，下卦三爻在六三爻带领下，坚持以柔的方式来处理矛盾冲突，并且秉持求和的信念，一步一步从下卦走到上卦，似乎已经看到了遇合的曙光。那么，进入上卦以后，之前的种种努力，将会得到怎样的回应呢？

我们接下来看上卦，九四的爻辞（图84-4）是：*睽孤，遇元夫，交孚，厉无咎*。

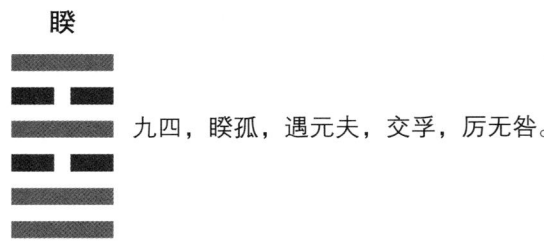

图84-4

　　为什么会"孤"呢？因为九四和初九不相应，六三、六五又跟它不相亲，六三、六五都是阴爻，一阳挤在两阴之间，当然很孤单。处此情景，就算想有所作为，也是不能的。但是下面说：遇元夫。"元夫"是什么？就是初九。初九的遭遇其实是很糟糕的，它丢了马匹，又遇到恶人，而九四本身既不当位，又孤单，所以，九四、初九是同病相怜。虽然都是阳爻，并不相应，但是相同的处境让其惺惺相惜。所以，九四、初九彼此同情，"交孚"就是大家以自己的诚信来支援对方，信赖对方。"厉无咎"，虽然很危险，但是最后也是无咎的。为什么危险？因为刚对刚、硬碰硬，本来很危险。但是彼此都了解了之后，却联合起来，战胜了孤单，拥有了力量。这样一来，就把所有危险都化解掉了，所以叫厉无咎。

　　六五是卦主，其爻辞（图84-5）是：悔亡。厥宗噬肤，往何咎？

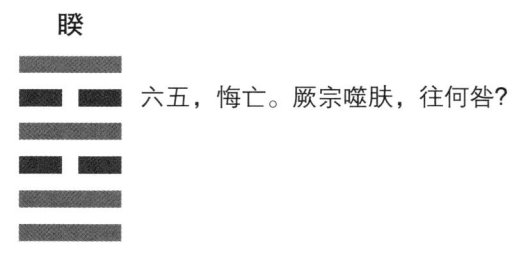

图84-5

　　六五不当位，那当然很辛苦了，所以它就"厥宗噬肤"。"宗"是宗亲。谁是六五的宗亲呢？就是九二。九二失位，六五本身也失位，但它们反而变成同宗了。"噬肤"是什么意思？"噬肤"就是把它们两者之间隔

第八十四集 和而不争

开的一层纸捅破了,就好像咬破皮肤一样。所以,六五的目的就是要不顾一切地和九二遇合。所以它直接告诉你:往何咎?"何"在这里解释为"没有"。六五想要跟九二遇合,但中间要经过层层的关卡,要以自己的意志去突破,哪怕把自己的皮肤都咬破了,也在所不惜。因为这种痛苦是自己注定要承受的。如此,就能成功,就能无咎。

虽然从初九到六五,大家已经意识到化睽为合的重要性,并且都在寻找机会以求遇合。然而造成背离局面的根本原因,也就是那些无端猜疑,还如鲠在喉。那么,这些猜疑是如何产生的?我们又应该怎么样做,才能够消除猜疑,达到最终的团结祥和呢?

上九爻辞(图84-6)说:睽孤,见豕负涂,载鬼一车。先张之弧,后说之弧。匪寇,婚媾,往遇雨则吉。

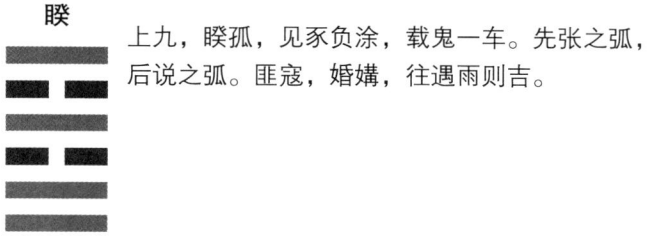

图84-6

上九爻往下一看,感觉整个情况不对,所以,不免产生疑虑。上九看到六五爻把所有的力量都笼聚到它那里去了,搞得自己孤孤单单的,能不怀疑六五排斥它吗?所以,这个"睽孤"就表示上九疑心重重,它对六五这个卦主产生高度的怀疑:你只顾自己吧?你们内部要团结,可把我这个卦外之人弄得这么孤单。所以,接下来才有这样的一句爻辞:"见豕负涂",那头猪背后好像拖着一条烂尾巴。"载鬼一车",好像那个车子上面载着一车小鬼。所以,上九一慌张,就"先张之弧"。"弧"就是弓的意思。"张之弧",把弓张起来,准备放箭。后来仔细一看也不是这

样子,所以,"后说之弧",就是发现情况不对,又把弓放下来。放下来一看:"匪寇",不是强盗,不是敌人,是婚媾。这个匪寇、婚媾在《易经》中出现了很多次。"匪寇,婚媾",就是说原先觉得可能是敌人出现了,正准备跟他对抗,可后来冷静下来才发现原来是别人来提亲。

上九爻以阳刚之爻位居整个卦的最高位,这就表示它很急躁,很暴躁,对事情的来龙去脉看不清楚。拥有这种个性的人,如果又很多疑,那就坏了。我讲到这里,大家会不会想起《三国演义》里面的一个人?就是张飞。刘备、关羽、张飞三兄弟桃园三结义,如同一家人,可是后来因为战败而离散了,这就是睽。但是他们最后又会合。因为他们每个人都有合的信念和意志,这是最好的案例。张飞在古城,得知关公降曹操的事情,天天骂关公:你背叛大哥,投奔曹操,就是没有良心,没有义气。恨得咬牙切齿,恨到不让任何人在他面前提关羽的名字。最后,关公过五关斩六将,要来古城跟他团聚的时候,张飞二话不说,冲出去就想把关公杀了。这样不糟糕了吗?

"往遇雨则吉",又是个遇合。"雨",是指六五。脾气火暴的人,要冷处理才能阻止他的不理性。譬如救火需用水。张飞就很幸运,因为有很多人劝他,他才能冷静下来。火,可以照明,可是过分的明就说明一个人的疑心很重,这样他就听不进任何人的话了。水至清则无鱼,人至察则无徒。

幸好关公没有跟他硬干,否则打到最后,很可能二人从此再不见面了。那就违背了睽卦的用意。上九的小象说得最清楚:**遇雨之吉,群疑亡也**。所有的疑惑统统都消失掉了。所以大家可以看出来,其实这个遇雨的"雨"不完全是六五,还有六三的功劳。只有大家接二连三地劝说,糊涂的人才能够清醒过来,才能够真正地聚合。所以,《三国演义》古城之会的故事,和睽卦的用意是很契合的。

我们要怀有这种信念,当离散的时候,一定要有遇合的意志。刘备、关羽、张飞三兄弟就是很好的例子。不管关羽身处何方,只要探听到了大哥的消息,无论放弃多少荣华富贵,无论经历多少困难,都要去聚合。这

第八十四集　和而不争

就是化睽为合的意志力和执行力。

　　所以，睽卦的每一个爻都无咎。上九最初很危险，但最终功劳很大，它就是吉。可是猜忌是难免的，也并非一朝一夕就能化解的。尤其中国人高度警觉，所以，其怀疑之心也是根深蒂固。那么，为什么会这样呢？为什么我们做什么都觉得寸步难行？其实，《易经》的蹇卦就是帮助我们破解这种困境的。所以，下一集我们就来讲：越挫越勇。

易经的智慧·第八十五集　越挫越勇

一个人从一出生就将面临种种难题,如屯卦的始生之难,困卦的道穷力竭,以及蹇卦的骑虎难下。面对灾祸每个人都避之不及。而蹇卦却提醒我们,再难走,还是要走。那么,既然要走,又应该注意哪些问题呢?卦辞中所说的"利西南,不利东北"究竟有着怎样的深意?是不是只要选对了方向,走对了路,就能使我们摆脱困境呢?

第八十五集　越挫越勇

一般情况下，地上的水是从天上来的。天一下雨，山上的树木、低洼的地方就会有积水。它们能把水积蓄起来。如果水被积蓄起来，不能流动，就变成了水山蹇卦（图85-1）。

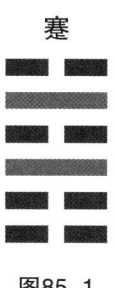

图85-1

人的一生总会碰到这种情况。前面有水，背后有山，这就是高山恶水之象。处于这种情景中，真是想进也进不得，想退也退不得。前方的险叫坎险；后面的阻隔之险就是艮山。所以，这样一条路，真是难走，就像蜀道之难，难于上青天。

《杂卦传》只用一个字就画龙点睛了：蹇，难也。"蹇"这个字有点像"寒"，"寒"下面的两点水变成足，就是寒足。寒足就是双脚被冻得不能走路。实际上，现实生活中很容易看到跛脚，跛脚通俗的叫法就是长短脚。其实，每个人的两只脚都不可能绝对一样长，只不过有的人差异大一些，所以，走起路来才一瘸一拐的。这种人走路就比较困难。进退无据，同时腿脚还有毛病，这岂不是很糟糕？这样的话，人生真的很困苦。

《序卦传》说：睽者，乖也。乖必有难，故受之以蹇。一旦集团内部出现分歧，人心乖离，就会面临重重危险，甚至陷入绝境。此时切记蹇卦卦辞的忠告："蹇，利西南，不利东北。"那么，这里的"西南"与"东北"究竟指的是什么呢？是不是选对了方向就能令我们摆脱困境呢？

蹇卦的卦辞（图85-2）说：蹇，利西南，不利东北。利见大人，贞吉。

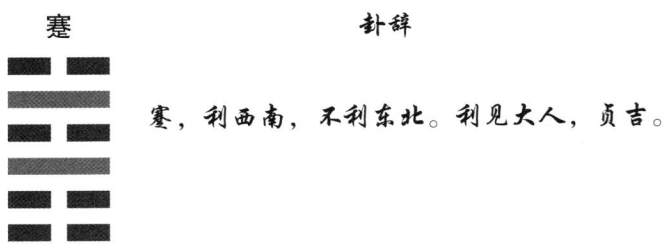

图85-2

我们从蹇卦的卦形来看，看不出它有什么跛脚的样子。这个卦形很有意思，它从第二爻到上六爻，统统都是当位的，只有初六爻不当位。此卦和既济卦很像，如果蹇卦的初六爻变成初九爻，此卦就变成既济卦了（图85-3）。

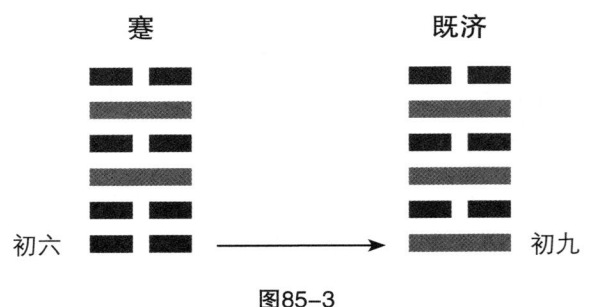

图85-3

这就告诉我们，不要以为蹇卦困难重重，不要以为进退为艰，更不要认为自己的力量太薄弱，没有办法冲破这些困难。不然的话，我们就不懂得蹇卦了。蹇卦告诉我们，虽然看上去很复杂、很险阻，但如果我们能够把第一关走好，后面的路自然会顺畅。我们总说，万事开头难。就是说刚刚起步的时候，一定要小心谨慎，第一步走错了，以后就很难纠正，甚至

第八十五集　越挫越勇

于一步错，步步错。所以，我们总说做事一定要慎始，才能善终。

做事一定要慎始，才能善终。
——《易经》的智慧

这个卦形告诉我们，蹇卦的意思是不利于行，而不是叫我们不要走。如果遇到困难就停止、逃避，这就不是蹇卦的本意了。它告诉我们，哪怕前有强敌，后有追兵，哪怕困难再大，也要勇敢地一关关去闯。虽然现在的情景不利于行，可不能放弃。既然不能放弃，就必须选择对自己有利的方向前进。

所以，卦辞接着说，"利西南"，往西南走，就吉利。为什么利西南呢？因为西南是坤卦的卦位，坤代表平坦的大路，比较好走。现在，腿脚不好，又偏偏选择崎岖小路去走，不是跟自己过不去吗？不利东北，因为东北是艮卦，多山。山路难行，同时又很容易迷路。现在，找到一条比较平坦的路，是不是就可以放心大胆地往前走了呢？当然不行。因为要"利见大人"，才能贞吉。"利见大人"，大人指的是谁？就是九五。这种险难的情况并不是一般人所能安然度过的，因此卦辞特别指出来要"利见大人"，就是告诉我们，要依靠贤明的领导，才能够安然渡过难关，同时又不会留下什么后遗症。这就是越挫越勇。九五，作为领袖人物，能够随时指以正确的方向，这样就会"贞吉"。贞吉的意思就是要很贞正，同时要永恒不变。

蹇卦的卦辞告诉我们，若想摆脱困境，不但要选择当前对自己最为有利的方式与方法，同时还要坚持自己的原则，其意与《中庸》中所提倡的因时制宜、执中守正的道德标准有着异曲同工之妙。那么，蹇卦的象辞又会对卦辞做出怎样的解释与补充呢？

蹇卦的彖辞是：蹇，难也，险在前也。见险而能止，知矣哉！蹇利西南，往得中也。不利东北，其道穷也。利见大人，往有功也。当位贞吉，以正邦也。蹇之时用大矣哉！

蹇是卦名。"难也"，就是难走的路才叫蹇。我们知道，《易经》中有好几个卦都是讲险难的。比如，屯卦，象征着始生之难；坤卦，则是难在道穷力竭，一个是做事之初的困难，一个是过程当中的困难。蹇卦的难与前两难不一样，是指当前的险阻。所以，对于《易经》中的每一种相似的情况，我们要分清楚才好。

"险在前也"，险阻就在眼前。前有激流深水，后有高山难行，高山恶水险象环生，这就是蹇。但是蹇卦告诉我们，即使难走，也还是要走。如果因为害怕犯险，就止步不前，那就是坐以待毙了，是更大的错误。人的一生，无论如何顺畅，都免不了艰难险阻，只能勇敢地去面对。我们当然可以选择逃避，但这样永远没有出息。越战越勇，愈挫愈奋，这才是蹇卦的真正精神。

 越战越勇，愈挫愈奋，这才是蹇卦的真正精神。

——《易经》的智慧

"见险而能止"，如果一个人不衡量自身的力量，碰到险难就意气用事，盲目行动，那很少有成功的。更有甚者，会丢盔弃甲，性命难保。《易经》首先鼓励我们，遇到困难要遇难而知勇，要去勇敢地面对和突破，但是马上又提醒我们，必要的时候也要见险而止。如果一个人有勇无谋，盲目硬拼，丢掉性命暂且不说，根本一点用处都没有。这就叫死不足惜。中国人从来不怕牺牲，却最怕做无谓的牺牲，这个一定要分清楚。

中国人，不当死的时候很怕死；可是如果死得有价值，我们也可以勇敢地赴死。司马迁说过，人总有一死，或重于泰山，或轻于鸿毛。如果死的重于泰山，那心甘情愿；如果死得轻于鸿毛，那岂不被人笑话？这个时

第八十五集　越挫越勇

候还是不要犯险，明哲保身比较好。

"见险而能止，知矣哉"，遇险而能够适当地停止下来，动动脑筋，想想办法，就"知矣哉"了。这样，人的智慧和才能就会充分地发挥出来了。蹇告诉我们"利西南"，为什么？因为"往得中也"。"往"就是往前走，如果方向明确，又走得合理，就能得中。那为什么又"不利东北"呢？因为"其道穷也"。东北方向是行不通的。这里并不是说路好走不好走的问题，而是在告诉我们，如果受到暴力的危险，外力的无端干扰，若想畅行无阻，就应该采取和平的方式，而绝不能采用以暴制暴的方式。可能那样也能突破难关，可是最终是其道穷也，行不通的。

"利见大人"是什么意思？就是说，我们大家一起依靠九五这个领袖。九五为什么叫作大人？因为它懂得以才德化解险难，而不是用暴力解决问题。

"当位贞吉"，蹇卦六爻在某种意义上都是当位的。刚才说过，初六阴居阳位，不是不当位吗？我们可以换个角度来思考，初六本来是阳刚之爻，可是它懂得用阴柔的方式来化解问题；同时，它本来具有潜龙勿用的秉性，所以，在整个蹇卦当中，它也意味着见险而止。由此而知，它也是当位的。

"以正邦也"，只有这样，才能治理好邦国。最后，有一个总结，叫作"蹇之时用大矣哉"。智慧是不会随时而改变的，所以叫作时用大矣哉。以合适的人，用合适的方法，在合适的地方，蹇卦的险难就可以化解掉。即使一个腿脚不好的跛足之人，若能走上平坦的大路，也不见得会落人之后。

象曰：蹇，难也，险在前也，说的便是蹇卦"山上有水"的凶险之象，并提醒我们，危险就在眼前。然而，自然界中存在很多"山上有水"的景象，比如天池就是位于高山之上的湖泊。那么，为何如此美景却预示着危险呢？蹇卦的卦象究竟有着怎样的玄机呢？

古人取象于天，观法于地。山水意即山中之水必有出路，只是人们还搞不清楚状况而已。所以，需要发现、探索。水流下山，就是山泉；如果那股水总是留在山上，就形成天池了。

天池并非蹇卦之象。天池的风光优美，同时基底坚固，不容易坍塌，这怎么会象征险难呢？其实，山水蹇卦是指由地震、暴风雨等自然灾害形成的低地积水。这种积水才可怕。这就是我们所说的堰塞湖。如果堰塞湖一崩裂，周遭的村子必然遭殃无疑。所以，我们用堰塞湖来取象蹇卦，是比较容易理解的。

蹇卦的大象说：**山上有水，蹇。君子以反身修德。**"山上有水"，本来山上之水不应该滞留。可是它现在积聚在这里，就是因为流动不方便，找不到出路，同时还有崩裂的危险。所以，我们要小心，这不但是险难，还是灾祸。

君子看到这种状况，就会反身修德，这是《易经》最宝贵的地方，也是最值得人们学习的地方。《易经》告诉我们，当我们碰到什么事情的时候，不要盲目屈从，不要过分冒险，先静下心来动动脑筋。"反身修德"，就是反省自己做得不周到的地方，做得不好的地方，把它弥补过来，修正过来，然后再出发。艰难困苦是一种磨炼，这才是反身修道。这才是君子面对高山恶水得到的一番启示。

事物发展的过程中，经常有曲折不顺的现象。山上之水，曲曲折折而下，人类才能存活，如果飞流直下三千尺，直奔大海，所有的水都变成咸水了。天下黄河九百九十九道弯，才孕育了生生不息的华夏民族。可见，水流之曲折对人类是有好处的。水，一方面是险难的象征，一方面是生物的源泉。对于水，我们要以疏导之法，而不能用堵塞之方。

孟子曰："行有不得者，皆反求诸己，其身正而天下归之。"意思是说君子遇到困难，首先一定要省察自己，看看困境是不是自己造成的，或者想想如何化解难题，也就是蹇卦所说的反身修德。那么，除此之外，我们还应该注意哪些问题呢？蹇卦的宗旨又是什么呢？

第八十五集　越挫越勇

人生就是艰难险阻的历程。整个生命的经历不是艰就是难。于不通处求通，在险难的情况下化险为夷，人生才能丰富。

在蹇的情况之下寸步难行，那应该怎么办？要注意两点：第一，要有坚定的信念，要有百折不挠的决心。第二，要谨慎用心。因为险难处处可见，高山恶水，山水环生，每一步都必须格外谨慎小心。但在此过程中，心情要愉快、轻松，唯有如此才能持久。要不然一下子就精疲力竭了。

蹇卦的两个阳爻——九三和九五，深陷阴爻包围之中，就是说虽然一个人很坚强，但是这个时候，需要用阴柔，而不能用刚。即使用刚，也很难，因为他不舒畅。他的阳刚之气被阴柔之气抵制了。所以，就要想办法把险难排除掉。首先，要先结合一般的同志，大家达成共识，增进团结的力量。要想得道多助，就需有大人的品德，获得大家的信任，这样大家才愿意追随，才可以转危为安。

所以，卦辞特别讲利见大人是有道理的。这个时候领导人物就要先检讨自己，要反身修德。

小人则不同，他们专门指摘别人，却从来不反省自己。那就不是利见大人了。我们要记得，处境越是艰难困苦，越是能够生出德慧。正因为此，蹇卦象辞里面才说：见险而能止，知矣哉！人，要把艰难的处境当作一种磨炼，一种机遇，而不是当成什么糟糕的事情。因为只有困难和磨炼才能促进自己成长，才会增长自己的智慧，开阔自己的见识。我们中国人常说，吃得苦中苦，方为人上人。蹇卦的六个爻，每一个爻都在告诉我们要怎么样一步步去解决问题。全卦的宗旨就在于，世界上没有解决不了的问题，只有不敢直面并解决问题的人。

　处境越是艰难困苦，越是能够生出德慧。

——《易经》的智慧

我们阅读《易经》，千万记住，天底下没有对错、好坏之分，这完全

看一个人是不是在恰当的时间里,与恰当的人,做了恰当的事情。那么,是不是不合适就不要做事了呢?当然不是,《易经》从来没有让我们束手就擒,坐以待毙,而是要求我们适时地调整。目标是唯一的,但道路是曲折的。中国人很少走直路,我们总是曲折地、迂回地接近目标。

> 中国人很少走直路,我们总是曲折地、迂回地接近目标。
> ——《易经》的智慧

接下来,我们就逐一分析蹇卦的六个爻。其实六爻都在告诉我们同一件事,就是《大学》里所说的"止于至善"。至善并不是最好的,而是最合适的。所以,下一集我们就来讲:止于至善。

易经的智慧・第八十六集　止于至善

作为《易经》四大难卦之一，蹇卦形象地再现了一个人处在高山恶水之间，进退两难的艰难处境。面对这种情况，有的人选择放手一搏，有的人却选择知难而退。那么，究竟怎样做才是适时的明智之举呢？俗语说，富贵险中求，现代人所推崇的冒险精神，究竟是好还是坏？《易经》中蹇卦又会给我们以怎样的警示呢？

第八十六集　止于至善

蹇卦的六个爻都在告诉我们，要不断地勉励自己，以长期的奋斗来应对这一关。千万不要以为通过这一关之后，后面的路就比较顺畅了。如果这么想，难免不够谨慎，难免不会鲁莽，甚至于短视，看不到未来。人生是一个漫长的过程，是一种长期的奋斗，是马拉松，而不是百米跑，所以，我们要不断地保持体力，不断跟自己对话，以期提升自己的品德，坚持到底。

蹇卦的六爻，只有上六爻出现一个"吉"字，其他爻辞都没有。这是给我们的最大警示。初六爻的爻辞（图86-1）只有四个字：**往蹇，来誉**。

初六，往蹇，来誉。

图86-1

什么叫作"往"？"往"，就是出去行之以天下，那什么叫作"来"？"来"就是退而待机，同时进行自我调整。

初六位居下艮的开始，最先看到艮险，看到此险横亘眼前。但幸好它是不当位的，所以才能够见险而止。遇险而静，停下来好好思考一下，规划一下，不打没有把握的仗，这就叫往蹇。

人要前进，一定要冲破重重阻碍。但是在做这件事情之前，要先衡量一下自己的能力，同时还要考虑一下自己跟六四的关系。其实，初六和

六四是不相应的,所以,初六是往而不应,没有上面的接应。如果上面是九四,初六的"往"尚有意义。可现在,初六本身不当位,同时上面又没有与自己相应之爻,这就在提醒初六,如果现在往外走,还是很困难的。既然行不通,那就退而待时吧。这时后退了,反而能够赢得别人的赞誉,甚至称赞为识时务者。这说明对自己当前的情况相当了解,同时也说明自己非常有头脑。所以,有"来誉"的赞叹。

初六的小象说:*往寒,来誉,宜待也*。守时待命是当前最大的任务。也许大家会觉得,这样做岂不是很消极。既然一个人有能力,有本事,为什么要守,为什么要待呢?我们可以想想孔子,孔子读《易经》,最后悟出一句话:时也,命也。任何事情,"时"是非常重要的。逆时而动,即使付出千百倍的努力,最后也不是一无所成吗?如果时机已然逝去,再来凑热闹,那也没什么用处。

譬如,正当大家都沉浸在国学热当中的时候,闲情小说大概是没有什么市场的。所以,为什么每一个行业都有起有落?就是因为背后有"时"的决定。我们外出旅行的时候,大多数时候都是入乡随俗。吃的东西都要跟当地人一样,因为当地的食物最符合当地的气候条件。

时要守,因为时是主导。在做一件事情的时候,首先要考虑时机对不对。人要主动去配合时,因为时机并不会反过来配合我们。所以,我们要守时,同时要懂得待命。

这就是初六给我们的启示。暂时的守时待命,反而对整个事情有利。

 在做一件事情的时候,首先要考虑时机对不对。

——《易经》的智慧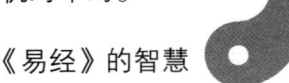

人常说,忍字心头一把刀。年轻人刚刚踏入社会,往往就因为一时的不能忍,不会忍,最终导致失败。而蹇卦的初六爻则告诫我们:一旦遇到

第八十六集　止于至善

对己不利的形势时，知难而退，耐心等待才是明智之举。那么，当我们拥有了如六二爻一样的权力与地位的时候，又会面临怎样的难题呢？为什么说《三国演义》中的诸葛亮就是六二爻的典型代表呢？

六二爻不太一样，它的爻辞（图86-2）说：**王臣蹇蹇，匪躬之故**。

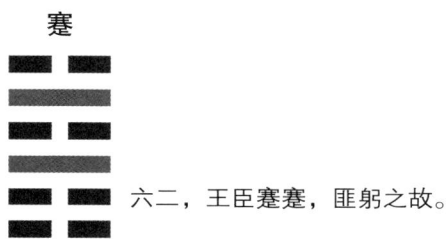

六二，王臣蹇蹇，匪躬之故。

图86-2

"王臣"是指什么？"王"是指九五，"臣"是指六二。"臣"是大臣还是小臣？是大臣。那九五旁边的六四是什么臣呢？六四是近臣。王在九五，靠近它的当然是近臣。近臣可以随时听候皇帝的差遣，与皇帝商量军国大事。作为九五的王，刚正不阿，没有邪念，作为一卦之主，拥有这种品德是再好不过了。

既然这样，为什么用"蹇蹇"呢？因为六二是比较柔弱的，它要去协助刚健的九五之王。可现在九五上下被阴爻围绕，互卦是一个坎卦。坎卦代表险难，不容易突破。六二本身又比较柔弱，真可谓任重而道远。所以，叫作"蹇蹇"，蹇之又蹇。

这是六二本身的缘故吗？不是，因为"匪躬之故"，不是它自己的问题。六二忠心耿耿，毫无私念地去拯救、协助九五，是大环境所致。所以，处于这种环境之中，只好尽力而为了。所以，六二小象说：**王臣蹇蹇，终无尤也**。就是最后没有怨尤。六二迫不得已，但已经尽力而为了。这个爻的状况让我们想到了《三国演义》里面的刘备。他兵败白帝城，托孤诸葛亮，又跟诸葛亮说：我的儿子阿斗，他可堪辅佐，你就辅佐；如果

不能辅佐,那你就取而代之吧。

所以,蹇卦的九五就是阿斗,六二就是诸葛亮。但是阿斗是很软弱的,自己又没有什么主见,所以,诸葛亮就只能鞠躬尽瘁,死而后已了。他六出祁山,夙兴夜寐,只为复兴中原,这就是"蹇蹇"。其实,诸葛亮一生最伟大的地方就是明知不可为而为之。匪躬之故,蜀国进退为艰,这不是诸葛亮闯的祸,是刘备意气用事,致使原先联吴抗曹的战略遭到破坏。所以,诸葛亮也只能尽力而为。可他心中没有怨尤,最终也死而无憾。

身为六二,能够做到像诸葛亮这样百世留名,也很了不起。现在哪里去找这样的人?鞠躬尽瘁,死而后已,心中一点没有怨言,这种人少之又少。所以,《三国演义》里面,最有古大臣之高风的,只有诸葛亮。

唐代诗人杜甫曾这样写道:三顾频频天下计,两朝开济老臣心。出师未捷身先死,长使英雄泪满襟。然而,诸葛亮之所以受到后人的尊崇,不仅是因为他匡扶蜀汉政权的呕心沥血、鞠躬尽瘁,更因他处变不惊的冷静与睿智。那么,当蹇进入九三,离险坎只有一步之遥时,我们又该如何理智应对呢?

九三的爻辞(图86-3)是:**往蹇,来反。**

图86-3

九三的爻辞也在告诉我们:此时走出去非常危险。初六、六二都是蹇,现在九三还是蹇。因为九三正处于互卦——坎卦的中位,只要它一

第八十六集 止于至善

动,一定会陷入坎险。既然往上走很困难,不如来返,暂时退回来。当然,退回来是为了前进。当此之时,先退回来把内部安置好,再重新准备出发。也许有人会提出疑问,什么险都不敢冒,那还做什么大事?这种想法不是很妥当。

九三的小象说:**往蹇,来反,内喜之也**。不随便冒险,但是也绝不放弃,这叫识时务者为俊杰。"内喜之也",就是说"来反"的结果会使得初六和六二有一个屏障。

阳爻处第三位,一般来说是不好的,并不是因为它当位。九三这个位置对任何卦来讲,都是当位的。但在蹇卦里面,九三非常重要。因为它是下卦艮卦的主爻。有它做屏障,初六和六二才有办法完成自己的事情。所以,叫作内喜之也。六二和初六感激老大哥的付出,可以好好充实自己,然后就能专心致志地进入上卦的六四爻了。

六四爻是坎卦的开始,其爻辞(图86-4)是:**往蹇,来连**。

图 86-4

六四虽然当位,但是跟初六不相应,同时又身处坎险的开始。所以,六四一动必有咎,干脆索性不动就好了。"往蹇",这是在此卦第三次出现了。我们知道,初六是往蹇,一出去就会惹麻烦;九三也是往蹇。现在六四还是往蹇,所以就"来反"。"来誉",就是马上得到大家的称誉和认同。"来反"就是反身修德,这也是很好的;可是"来连"是什么意思? "连"就是接连着蹇。可见,六四的处境也是很糟糕的,进也不是,退也不行。因为九三自顾不暇,还得照顾初六和六二,根本就顾不上六四。所以，六四往后退，也得不到九三的支持；而前进，九五也不大理会他。所以，这是两难。

六四小象说：*往蹇，来连，当位实也*。这是什么意思？六四和初六虽然不同道，但是在其都身处困境的时候，反而能心有灵犀。本来是不相应的，现在因为同病相怜，而把两个人的心紧紧地结合在一起，这是六四能够站稳的原因。

俗语说，富贵险中求。然而，为了追逐利益，很多人误把"冒险"视作获取财富的必需手段，不计后果，一味蛮干，最终将自己置于前进无路的境地。此时切记九三爻的忠告：往蹇，来反。知退才能够求进。那么，蹇卦中的另一个阳爻——九五又会给我们哪些警示呢？为什么说九五爻才是蹇卦中的"大人"呢？

现在我们来讲九五爻，九五爻的爻辞（图86-5）说：*大蹇，朋来*。

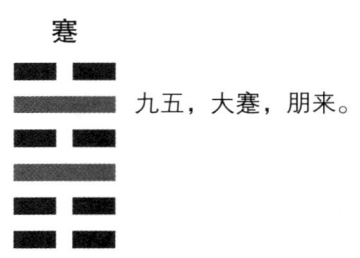

图86-5

此蹇为何是"大"？就是因为它是阳爻，居位得正，又是一卦之主。整个卦就依赖于它，它就是大人。可是，能力大者责任重。蹇卦的所有险难也集于其一身。其他的爻都翘首以待，看它如何表现。其他的爻都是进退维谷，都在等待九五大人有所作为，等待九五提出恰当的办法，指出正确的方向。九五集万千希望于一身，就应该担负起所有的苦难，佛语说，我不入地狱谁入地狱。可见，虽然九五也有困难，但当此之时，以其至高的身份、地位和威望，就应该挺身而出。如果临阵脱逃，当缩头乌龟，那还算什么好汉呢?所以九五就应该大有为,全力去突破难关。

现在我们终于知道,大家从各方面准备停当,最后就等领导人的一声令下,就把所有的力量爆发出来。"朋来"的意思就是说,这个人一站出来就会有志同道合的人站出来支持他,帮助他。这自然万众归心,自然统统来配合他。所以,九五小象说:大蹇,朋来,以中节也。因为这个人不是仁君之节,他既然要当领导人物,就要使大家群策群力,就要使大家团结在他的身边。用今天的话说,叫作巩固领导中心。那他就要有所表现,而他的表现又是很合理的,中规中矩,使得大家都以他为典范,那他就成功了。他就真正是一个蹇中的大人物,叫作利见大人。

上六爻辞(图86-6)说:往蹇,来硕。吉,利见大人。

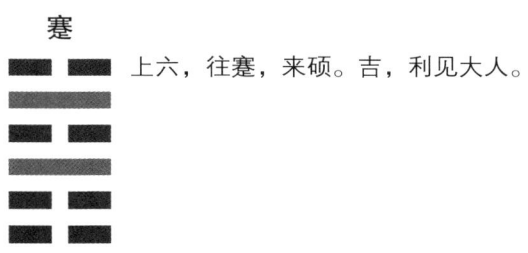

图86-6

"硕"就是硕大的意思。但是,为什么来硕就吉?因为利见大人。利见大人,就是告诉我们,九五值得我们全心全意去帮忙。我们本来身处蹇难之外,但是看到九五一个人身负时艰,我们很受感动,反而希望回过头来帮他一把。上六的举动真的是顺从九五,既然九五这么了不起,上六衷心地佩服它;不仅佩服,同时还会全心全意地提供帮助。虽然上六本身为阴柔之爻,但是和上六相应的九三是阳刚之爻,所以,上六可以联合九三助九五一臂之力。

九三和九五是蹇卦里仅有的两个阳爻,是最有力量的。如果上六能把它们撮合在一起,同心协力渡过难关,这是最好的。所以,上六的小象说:往蹇,来硕,志在内也。利见大人,以从贵也。上六此时最主要的任务就是促进内部的沟通,建立共识,使大家的意愿一致,力量集中,达到

精诚团结的程度。同时，九五是君位，从九五，就是从贵。上六原本身处蹇难之外，能够反身帮助九五，不是为了自己的利益，而是为公。九五若是不接受上六的帮助，那谁还会帮助它呢？

正所谓，时势造英雄。越是艰难的环境往往越能够成就人才。也就是蹇卦所说的"利见大人"。然而，身为领导人物，只有抓住解决问题的关键所在，才能带领整个团队走出困境。那么，这些阻碍团队发展的祸根究竟是什么呢？是不是秉承着"止于至善"的方针，就能够化险为夷了呢？

要想知道能不能化险为夷，有两个条件可供参考。

第一，大家是否对当前的环境有充分的认识，这非常重要。有的人认为，现在是前有恶水阻拦，后有高山阻挡，前景堪忧；有的人说，所有的困难都会过去的，现在最主要的就是等待，不要轻举妄动；还有一种人，盲目乱动，从来不考虑后果。虽然大家态度不同，但是仍然有一共识，那就是现在所面临的情况是高度困难的，必须有紧迫的危机感。

第二，既然达成了共识，就要共同来面对。在遇到危机情况的时候，我们经常看到一个团队的成员的态度、缓急都是不一样的。相互扯皮，不肯尽力，不愿付出，只想逃跑，这些情况不一而足。这怎么能行呢？要有人把所有的人都唤醒，都来为攻克难关尽一份力量。这个人是谁？就是九五。整个卦象全都依靠九五的表现。所以，九五要有计划，有远景，有手段，要有带领大家走出困境的勇气和意志，要让大家觉得跟着自己走有信心。这才是典型的大人。只有这样，才能够上下同心，走出困境，止于至善。

《大学》告诉我们，大学之道，在明明德。明明德就是反身修德，每一个人都要趁这个机会检讨一下自己：我平常有哪些地方修养不够？为人处事有哪些可以改进的地方？一定要充分准备，把以前的过失统统调整过来。只有这样，才是反身修德，才是明明德。

大学之道，除了明明德之外，还在于亲民。什么是亲民？亲民就是换位思考，站在对方的角度来思考问题，站在别人的立场来体会他的心情，

第八十六集 止于至善

理解他的语言,体谅他的苦心,这样就可以止于至善。唯有如此,才能找到一种恰当的方法来跟别人沟通、协调,同心同德把问题解决掉。

止于至善,把蹇卦充分发挥,这就是蹇之时用大矣哉。最终的结果就是化险为夷。化险为夷,在《易经》里面就叫作解卦。所以,接下来我们就要讲解一下:到底怎么样才能够化险为夷?

易经的智慧·第八十七集　化险为夷

人生不是一帆风顺的，生活中常常充满了困难和挫折，面对艰难险阻，我们该如何化险为夷？《易经》六十四卦中的解卦，给我们以怎样的启示呢？近些年来，自然灾害频发，抗震救灾、抗洪救灾、抗旱救灾等触动着千万人的心。那么，解卦对于我们的抢险救灾工作，又有怎样的指导意义呢？

第八十七集　化险为夷

当天上雷声阵阵的时候，我们就知道，老天马上就要下雨了。可是有时候只干打雷不下雨，天气很沉闷，导致我们的心情也不舒畅，这是蹇象。因为蹇卦是水在上。就算下了雨，也是聚集在高山之上，住在平原上的人也是远水不解近渴。可现在不一样，水变成雨，降到地面上来了。天上有雷声滚滚，这就叫雷雨大作。雨后的天气是很清新的，人也感到很舒畅，所以，这个卦就叫作解卦。

《序卦传》中说：**物不可以终难，故受之以解，解者缓也**。如果老天安排的每一样事情，做起来始终是困难的，大家很可能就死心了。中国人讲得最清楚，哀莫大于心死。只要一个人心里想，算了，什么都不管了，大不了一死，就完了。老天用艰难来磨炼人的意志，并不是真的要和人过不去。所以，艰难过后，它就会让人得到缓解。"故受之以解"，蹇卦之后，紧接着就给人无限的希望，叫作解。"解者缓也"，就是一切都缓慢下来了，都舒缓了，让人觉得很轻松，然后再去解决困难，这就叫人生，它是一松一紧的。你看我们的心脏也是一松一紧的。那解之后会不会又恢复到蹇呢？当然是可能的。解蹇，蹇解，这只是一种循环。如果没有蹇，解有什么用呢？如果全世界都没有灾难，成立一个救灾大队有什么用？如果有了灾难，居然没有人施救，那不是叫苦连天吗？所以这两卦相综，是非常有道理的。

我们看看解卦的卦辞（图87-1）：解，利西南。无所往，来其复吉。有攸往，夙吉。

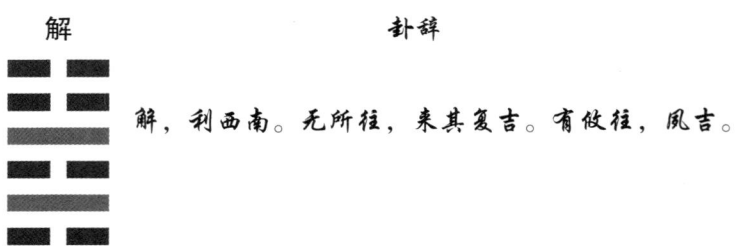

图 87-1

当《易经》告诉我们利西南的时候，它就是在提醒我们，不利于东北。我们可以回头看看蹇卦的卦辞：利西南，不利东北。"利西南"的意思就是说西南方很平静，没有什么难险可救。为什么西南无险？就是因为西南方是坤卦的位置，坤卦就表示很平静，没有险难。既然这样，还去救什么呢？很多人没有抓住这一个主旨。现在的人，凭空制造出一些需要，然后再往救大家，其实只是为了捞别人的钱。这是非常可怕的事情。既然无所往，就回头。往和来是相对的，既然不往，那就回来，把自己的事情做好，这就叫"其来复吉"。

平常没有难的时候，救难大队长要做什么？就是好好地做准备工作，整理一下装备，培训一下人员，对大家做好必要的避险教育，这不是很必要的吗？大家最害怕的，就是有人没事找事，无故挑起事端，然后假借救难之名，暗图一己之私。可是刚刚讲"无所往"，它马上又说"有攸往，夙吉"。"有攸往"就是有所往，这不是前后矛盾吗？

看到这儿我们不禁感到疑惑：有攸往，就是有所往，要前往的意思，而且越早去就越吉祥。可是前面刚刚强调了"无所往"，就是不要去的意思。那到底是要去，还是不要去？这种看似自相矛盾的说法，我们又该如何理解呢？

第八十七集 化险为夷

《易经》的思维就是一阴一阳之谓道。"有攸往"，就是说如果那个地方有灾难，我们不能冷眼旁观，看别人的笑话。这个时候，越早去救越好。"夙"就是"早"的意思。卦辞就这么几句话，已经把所有的情况都讲得很清楚。人家有需要，马上去帮忙，越快越好，不要讨价还价，不要说等它再糟糕一点，等它不能支持了才去救。别人没有事，不要去制造祸端。这就告诉我们，解是要解决问题，化解灾难，这是解最大的启示。

解卦的彖辞讲得很清楚：解，险以动，动而免乎险，解。解利西南，往得众也。其来复吉，乃得中也。有攸往，夙吉，往有功也。天地解而雷雨作，雷雨作而百果草木皆甲坼。解之时大矣哉！

"解"，是卦名。解卦上卦是雷震，下卦为坎险。因为坎险在内，震动在外，所以叫作"险以动"。那要怎么办？就是要想办法把这个险化解掉。用什么来化解？用那个动的力量。所以，它告诉我们，只有险以动，才能够"动而免乎险"。动得合适，这个险就化解了。如果动得不合适，那可能更险。比如一个人出了车祸，我们很热心去急救。老实讲，本来不该死，就是被那个急救的人给急救死了。因为他根本不懂如何施救。世界上有太多不幸的事情，只是因为人们过分的热心。如果是外行，还要过来急救，岂不把他弄死？急救是要有一点本事的。一个人掉在河里溺水了，如果另外一个人跳下去，才知道自己也不行，那么扯来扯去，扯到最后同归于尽了。要记住，有把握地动，才能够免乎险，这样才叫作解。

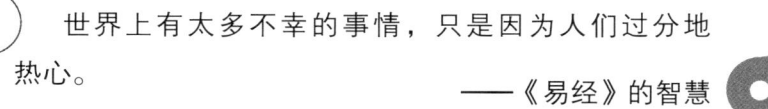

世界上有太多不幸的事情，只是因为人们过分地热心。
——《易经》的智慧

"解利西南，往得众也"，西南之民，如果有难的话，当然要去救他们。如果西南的百姓没有难，那救他们干什么？"其来复吉，乃得中也"，如果有难，我们去救，大家会欢迎你。但是救完以后，看到他们没有难了，就应该赶快回来，因为人家还有善后的事情要做。比如亲戚家里

办丧事，我们要不要去吊唁？当然要。但吊唁完了就要走。可现在有些人一哭就没完，这叫丧家，就是不了解什么叫作其来复吉的意思。

"有攸往，夙吉，往有功也"，"有攸往"的意思就是说，有需要，就要不顾一切地去救人家。"夙吉"，就是越早越好。

为什么要夙吉，为什么要越早越好？因为任何灾难都有一个黄金救援时间。超过了这个时间，去了也没有用。比如人被压在梁底下，或者被压在矿洞底下，能够存活的时间是很有限的，所以把它叫作黄金时间。如果时间一过，大队人马才来，就算设备很精良，结果抬出来的也只不过是尸体而已。

把握抢救的黄金时间，及时施救是救援人员的职责；而受难者，也应该考虑事情的轻重缓急，充分发挥自救能力，如果力所不能及，再求助于他人。可是，现实中有一些人，滥用求救权，不管大事小事，一味苛求外部的救援，对于这种现象，曾教授是怎么看待的呢？

大家现在慢慢懂得了，蹇卦是自己救自己，解卦是去救别人。一个是救己，一个是救他，这两个不一样。如果只是小小的困难，就希望别人来救助，那就是小题大做。一个人真的到了危急的时候，大家自然会来救他。如果一个人觉得，我家有难，我自己不解决，要诉诸群众，要求国家赔偿。说不好听的话，就叫无赖。蹇难，靠自己，到自己没有办法救的时候，人家自然会来救自己，那时候自然就解了。

"天地解而雷雨作"，天地本来很郁闷，光打雷不下雨。现在雷雨大作以后，也就表示郁闷之气已经消解了。"雷雨作而百果草木皆甲坼"，"甲"就是种子的皮壳，"坼"就是裂开的意思。未下雨之前，树木植物的种子都处在休眠状态，等到雷雨交作，就开始发芽生长了。有雨水滋润，万物才欣欣向荣。

因此象传的小结是"解之时大矣哉"。我们已经讲过了，象传里面有讲"时义"的，有讲"时用"的，这里只讲一个字，叫作时。为什么？

第八十七集　化险为夷

因为时义都已经讲了，就是说利西南，有攸往，或者是无所往。这个"时"，要自己去找，才知道什么时候有用，什么时候没有用。而且，象辞说"动而免乎险"，就是告诉我们时的意义在哪里。所以这里不告诉我们"时用"，也不说"时义"，只告诉我们"时"很重要。平常训练，所有的设备都用在这个紧要的时刻，这个关键的时间。

所以，要夙吉，越早越好。越早的意思是什么？就是及时。大象传只用三个字就把整个的自然现象说出来了，叫雷雨作。雷雨交作，然后严寒就消解了，君子看到这种自然的景象，就悟出一个道理，叫作"赦过宥罪"。"赦"是赦免，"宥"是宽恕。什么叫"赦过"？就是说，本来一个人的过错不能得到谅解，但是现在看到自然都是生生之厚，作为大人就原谅他的过错，希望他能够重新改过。这就叫大人有大量。总是跟小人计较，那自己岂不也成了小人了。现在法律里面也有一条，叫作特赦。"解之时大矣哉"，不能随随便便说，自己高兴就特赦，那还得了？不能说，这个人跟自己有关系，就特赦，那也不对。这个时，意思是该特赦的，才可以特赦。我们什么时候最懂得宽恕？就是人死的时候，我们叫它解脱。为什么叫解脱？就是把一生的罪过统统脱掉了。尤其在中华文化里面，人死为大。人一死，生前所有的恩恩怨怨统统过去了，不要再计较，跟死人算账，那也未免太过分了。

天下没有终难之理，这就是序卦传所讲的物不可以终难。赦是解。有人欠自己钱，他实在还不了，看他实在没有办法还，那就算了，也是解。所以，解有好几种情况。

中国文化博大精深，解卦的解字就包含着排解、宽恕、解救等多重含义，在这些解释中，我们最常联想和运用到的，就是解救和抢险救灾的意思。那么，解卦对于抢险救灾行动，有着怎样的指导原则呢？

我们归纳成三点。

第一点，方向要对。利西南，就告诉我们方向要对。如果西南没有

难，东北有难，结果朝着西南方向去了，那方向根本就是错的。这是去旅行观光，还是去救难呢？

第二点，要搞清楚拯救的对象和次序。我讲这话的时候，大家可能不晓得在说什么。其实，我的意思是先救好救的，还是先救难救的，这就是一个时的问题。好救的不管，专门集中精力去救那个难救的，结果连好救的都救不了。所以，一定要先把看得到的、好救的，救起来，然后再集中精力去救那些难救的人。

当然，我们也不能因为一点小伤，就希望别人来救助自己。自己的小伤可以自己裹了，不但不能要求人家救，还要帮助人家才对。因为人家是外来帮自己的，自己不救自己，完全坐等人家帮忙，甚至埋怨人家为什么这么晚才到，怎么技术那么差，医药也没有准备好，那以后谁还敢来救？其实我们应该深入地去体会卦辞短短的几句话，这样才叫作学《易经》。

第三点，赦过宥罪的意思是说，这是天灾，不要老在这里怪东怪西。这里面固然有人为的错误，但要事后再来算账，这个时候救人要紧。凡事都有个先后的次序，不要乱，就算这个时候有点小差错，也不要怪谁。避免发生过错是对的，但是万一发生过错，就要设法弥补。

《易经》所说的是几千年前的事情，为什么现在发生的事情它都能预测到？其实，不是现在发生的事情它都能预测到，而是它里面已经涵盖了这么多的内容。所以我们才敢讲，人类再怎么发展，永远在《易经》八八六十四卦之内，这不是夸口，而是事实。

解卦既然告诉我们，解之时大矣哉，那它六个爻的主旨在讲什么？就是待时而动。时没有到，不能动；时已到，不能不动，这就叫作待时而动。所以下一集，我们就来讲：待时而动。

易经的智慧·第八十八集 待时而动

当危难发生时，人们处于抢险救难的特殊时期，这时候该如何调配人手，使能者各尽其职，全力救援呢？而伴随着灾难的发生，某些道德败坏者也打着救灾的幌子，趁机大发国难财。那么，该怎样区分并且揪出这些害群之马，使大家众志成城、抗灾救难呢？

第八十八集　待时而动

解卦为什么能够完成任务？主要有两个原因。第一，九四和九二能够同心协力，目标一致，使得阳脱离了阴的束缚。因此，能够发挥它的实力。第二，六五跟九二密切配合。一般来讲，如果这里是九五跟六二，好像要更顺当一点，可是解卦是非常状况，特殊时期。所以，在这个时候，六五跟九二也是位正相应。它们可以解难而吉，很完满地把解的任务达成。

我们先从初六爻看起，其爻辞（图88-1）只有两个字：无咎。

图88-1

我们读《易经》的时候要特别小心，凡是爻辞很短，只有那么一两个字的，都要提高警觉：为什么就这么几个字？凡是字很多的，也要提高警觉：为什么写这么多？这样考虑才能够真正把握《易经》的精髓。解卦一开始，就说"无咎"，这就告诉我们，整个解卦要用无咎为目标，不求有功，但求无过。

初六的小象说：刚柔之际，义无咎也。"刚柔"是指初六和九二，在解卦里面，柔要助刚，如果把阳爻管得死死的，那就解不了了。所以，解是一种非常的状态，它以初六承九二，两个都不当位。可是初六以柔去承刚，同时以柔去应刚，所以自然就没有祸害，这叫作义无咎也。这样才能

圆满地达成任务，否则的话就是帮倒忙。

凡事不能只尽力而为，而要竭尽全力。现在很多人，自己没有足够的能力，可轻易许诺帮助别人。到最后，两手一摊：我没办法了。我们会觉得这种人是救苦救难的观世音菩萨吗？才怪。老子说，轻诺必寡信，就是指这种人。

解卦象征着救灾解难的特殊时期，这时候就要求所有人各尽其职，各尽其能。如果自身能力不足，不妨像初六爻一样，主动退位让贤，好好配合，让有能者充分发挥。解卦中的九二爻是阳爻，象征着贤能之人、正义的力量。那么九二爻是如何发挥力量，化解危机的呢？

九二的爻辞（图88-2）是：**田获三狐，得黄矢，贞吉。**

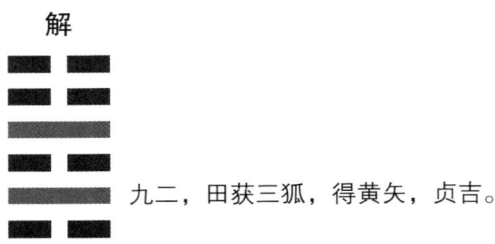

图88-2

"田获"，就是为民除害，不要认为九二是在打猎休闲，九二没那么逍遥自在。打猎的目的是为民除害，而不是锻炼自己的技术，愉悦自己的心情。

如果从这个角度去理解，皇帝的狩猎行为，是昭示为民除害的决心，是为天下苍生救灾救难。所以，我们要把所谓的"三狐"这些妖魔鬼怪消灭干净，不能留下祸根，以免将来遗患无穷。中国人讲求除恶务尽，要痛打落水狗，就是担心一旦除恶不尽，会招致更加猛烈的反扑。当一个地方发生灾难的时候，最可怕的就是有人趁机去骚扰，趁机去抢劫，趁机把资源夺为己有。那些不法之徒就是三狐。"黄矢"是谁？"矢"就是直直的

第八十八集　待时而动

东西，表示很正直。"黄"说明协调力很强，所以，黄矢就是六五。

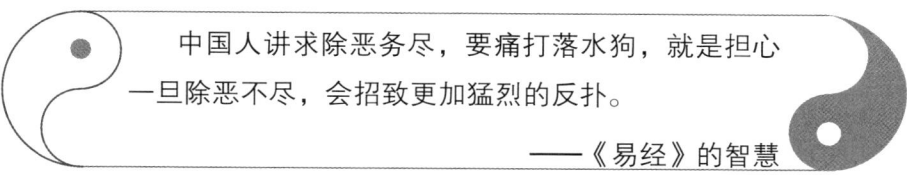

中国人讲求除恶务尽，要痛打落水狗，就是担心一旦除恶不尽，会招致更加猛烈的反扑。
——《易经》的智慧

九二一定要帮助六五，才能够完成解的任务。所以，大家看到，得了黄矢以后，小人就不敢乱来了。

什么叫"贞吉"？九二的任务就是协助六五工作，使其好好发挥自己的能力。可是，六五被六三、初六，甚至于上六所包围，九二想突破这些重重阻碍也是不容易的。这种情景在历史上出现过多次，叫作清君侧。皇帝本人其实没有什么恶念，但是周围被诸多的小人所包围。九二就得帮助六五认清楚这些人，要不然就糟糕了。

所以，此爻的爻辞才会用"狐"这个字眼。"狐"是一种很邪恶、很狡猾的动物，指代六五身边的小人。九二就是力争把这些小人清除掉。

在危难当头之际，排除一切不利因素，专心为百姓排忧解难，才是救难工作的职责所在。但是，也有一些不法小人，打着救灾解难的幌子混迹其中，趁机大发国难财。那么，这些人都有哪些惯用的伎俩？我们又该从何处着手，揭穿他们的真面目呢？

六三的爻辞（图88-3）说：**负且乘，致寇至，贞吝。**

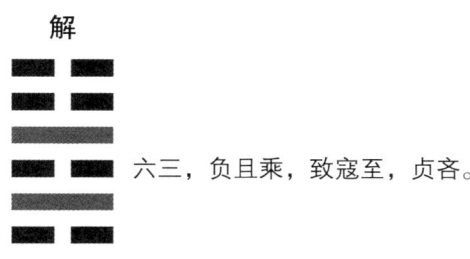

图88-3

六三是解难的最大阻碍。"负且乘"，"负"就是趁火打劫，抢了人家很多的财物，一点不觉得羞愧，甚至公开地开着车子走。这个时候，强盗会放过他吗？强盗心里想，他正好帮我抢了东西，省得我自己下手，现在我正好从他手里抢过来。所以致寇至，就是招引强盗来抢夺。这在讲什么？就是说，在乱世一定有六三。六三和九四靠得近，它专门去奉承九四，甚至跟九四结成帮派。于是，六三就可以负且乘。也可以解释说，对上面的人全力去巴结、奉承、献媚，而对底下的人很傲慢，甚至打压。你看六三，它可以下压九二，上面逢迎九四。"贞吝"的意思就是说，正人君子看到这种行为，觉得很愧疚，但小人不会。

六三的小象说：**负且乘，亦可丑也。自我致戎，又谁咎也**？六三一方面巴结上面的九四，一方面欺压底下的九二，本来人家做得好好的，结果被六三搞得一团糟，虽然这是一种可耻的事情，但是六三却做了。所以小象才说"亦可丑也"，实在是可耻的行为。

历朝历代，当天下大乱的时候，六三就出来了，它平常隐藏在暗处，不敢出来。这也就是说，解之时大矣哉，当危难解除的时候，形形色色的人都会出来。有很多商人也是守时待命，只是他们待的是什么命？就是发战争财，只要哪里有战争，他们就赚哪里的钱。这也是一种守时待命，只是用得不妥当而已。

"自我致戎"，就是自己的行为招来强盗。"又谁咎也"，这又能怪谁呢？这个"谁"指的就是六五，怎么能放纵六三做这种事呢？历朝历代这种事情太多了，仁君只要信任小人，小人就趁火打劫，一方面欺凌大臣，一方面又去逢迎六五的亲信，这就是为所欲为。

通过前面三爻，大家也会发现，刚开始我们总觉得这下好了，有人来救苦救难了，可以解决困难了。的确有人是非常规矩，非常正派地来做解的工作。但是难免有人浑水摸鱼，在那里胡作非为，幸好有九四。

第八十八集 待时而动

九四的爻辞（图88-4）是：**解而拇，朋至斯孚。**

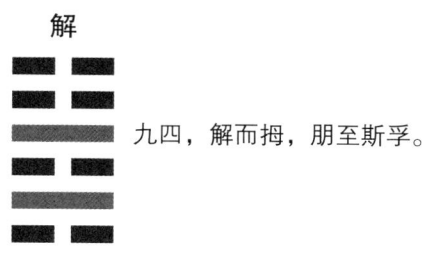

九四，解而拇，朋至斯孚。

图88-4

"而"即是"尔"，是指九四。"拇"即是六三。六三天天来逢迎九四，来拍九四的马屁，打人家的小报告。结果就使九四得了香港脚一样，又痒又痛，走路又极其不方便。九四本来要来做解的工作，可现在被六三纠缠得寸步难行，一筹莫展。所以，这个爻辞就是在告诫九四，要想尽办法摆脱六三的纠缠，否则就不能顺利地完成任务。

如果九四真心理解自己的隐患，把自己的心中之贼消灭，那么，必然是"朋至斯孚"。九四真正的朋友是谁？是初六。初六以正当的途径来帮助九四，而九四又用自己的诚信来配合。这样，就可以完成解的任务。

九四的小象说：**解而拇，未当位也**。九四不当位，反而很好，是不是很奇怪？我们已经讲过了，解是一个非常的状况，非常的时期，常常迫使人走逆反之路。为什么不当位反而好？如果它当位，那这个位置就应该是六四。如果六四在这里，情况反而糟糕，会减弱解的力道。所以，在此情况下，虽然九四不当位，但只要能够抵制别人的迷惑，自诚其心，牢记自己的职责和任务，就可以得到大家的理解，获得大家的帮助，最终解除自己的困难。这也告诉我们，要想帮助别人解决难题，就必须先把自己的困惑和难题解决掉。

要想帮助别人解决难题，就必须先把自己的困惑和难题解决掉。

——《易经》的智慧

解卦的六五爻是卦主，可是它并不当位，它和初六、六三、上六爻一样，都是阴爻，我们知道《易经》中阴爻往往代表着小人，可是为什么解卦中的六五爻却是君子呢？六五爻和六三爻表面看似是朋友，可是私底下却派人去打击他们？这又是为什么呢？

六五是解卦当中一个非常重要的人物。解卦六爻的爻辞，只有六五爻辞出现了君子。其爻辞（图88-5）说：**君子维有解，吉。有孚于小人。**

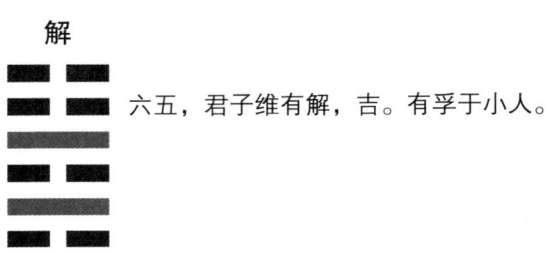

图88-5

为什么这里的六五特别强调是君子？就是说位居六五的不一定都是君子，也有小人爬到这个位置。对于小人来说，这就是逆取。逆取之后一定要顺守，才能保住已获得的成果。以前可以不择手段，可是一旦位居高位，就要以德服人。以前可能身不由己，可能不得不采取某些非常的手段，但是目的达成之后，一定要做个堂堂正正的君子，不能再搞歪门邪道。

"君子唯有解"，即是说君子能够解除险阻和隐患。这个隐患就是小人的存在。只要能够力驱小人，最终的结果就是吉祥如意。可是接下来这句话有点奇怪，"有孚于小人"，为什么？是不是因为六五和初六、六三、上六都是阴爻，都是同类，就狼狈为奸，共同获利，所以才有孚于小人呢？当然不是，如果是这样，那就不是君子的行径了。那为什么君子会有孚于小人？如果君子逼得小人走投无路，那就不是解了，就算解了，也马上回复到塞卦。所以，只能使小人口服心服，不怨恨君子，才是真正的解。大象传说"君子以赦过宥罪"，就是这个道理。

第八十八集　待时而动

六五的小象说：**君子有解，小人退也**。孔子说过，要远小人。远小人，就是要小人自己甘愿退去，知难而退。作为君子，不要逼迫他。如果逼之太紧，他很可能趁机反扑一口，得不偿失。所以，君子须以君子之道来解难，小人感服于心，自然心甘情愿退去，这才是君子的解道。

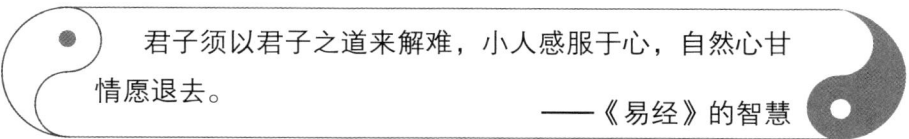

君子须以君子之道来解难，小人感服于心，自然心甘情愿退去。
——《易经》的智慧

为了顾全抢险救灾的大局，君子以仁德解除小人的羁绊，并且给小人以改过自新的机会。但是如果小人不知悔改，反而变本加厉，这时候就不得不采取最激烈的行动了。

上六的爻辞（图88-6）是：**公用射隼于高墉之上，获之，无不利**。

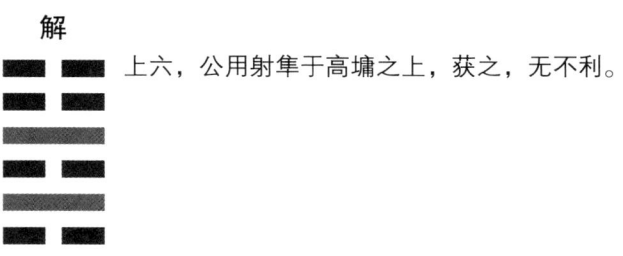

图88-6

上六和六三是不相应的，这就表示虽然上六和六三同属阴爻，虽然可能上六和六三曾经都是小人，但是上六看到整个环境的改变，就主动去帮助六五。怎么帮？就是在高墉之上把隼射掉。"隼"是什么？"隼"是恶鸟，一种很凶猛的鸟，它比狐还厉害。狐还知道隐藏，恶鸟是公然出头作恶。它公开啄人，吃人，对人不利。这只鸟是指谁？就是六三。因为六三一看，上面的人被自己拍马屁拍得舒舒服服，下面的人却被自己压制的头都抬不起来，就开始趾高气扬，野心外泄了。所以，六三就成了恶

鸟，就变成了隼。恶鸟在后，就算六五把工作做得再好，也难保无咎。

因此，上六一看，在这个情况之下，不得不好好表现一下，以洗刷自己以前的罪恶，这样别人才会宽宥自己。所以，上六就勇敢地把肆意妄为的六三射掉。

所以，最后是无不利。这对整个解的情景的舒缓，以及接下来的重建工作，都是很有帮助的。所以，上六小象说：**公用射隼，解悖也。**"悖"是什么意思？就是悖逆，不正。不走正道，最后只能彻底地被消灭掉了。至此，悖逆与祸乱彻底解除。所以，整个任务就在上六手里完成，这就叫解道已成。

易经的智慧·第八十九集

崇尚自然

《易经》崇尚自然，孔子也主张"述而不作"，指出任何事情如果违背自然规律，便会自作自受。但是，在人类的发展历程中，在不断取得重大进步的同时，也在不断地违背着自然规律，并且开始逐渐显现出不良后果。那么，现代人究竟应该怎么做，才能在不断发展的同时，也能成功避免和去除后遗症，改变现状，从而走上一条合理发展的正道呢？

第八十九集　崇尚自然

中国人非常喜欢看象。天有天象，就是所谓的天文；地有地象，即所谓的地理；人有人象，即所谓的人事。天上、地下、人间，全都是象。《易经》概括出三个字，叫作天垂象。《系辞传》写得最清楚：**天垂象，见吉凶**。天只是一种现象而已。天是不说话的，但它会用各种现象来告知人们的吉与凶。至于人们要怎么做，是人自己的事情。

天垂象，为什么会显出吉凶呢？可见是因为圣人象之。因为圣人看得懂，而一般人是看不懂的。圣人把天象画下来，以此来告诫世人，什么是吉象，什么是凶象。这就是圣人之言。

这样，我们才读懂《论语》中所讲的那句话：君子有三畏，畏天命，畏大人，畏圣人之言。天命、大人可畏，还可以理解。如果说圣人之言犹可畏，大多数人是不大以为然的，甚至有些不服气。为什么？因为就算一个人是圣人，尊敬他就足够了，为什么还要畏惧他的言辞呢？

其实，我们只要想到，天所垂之象，只有圣人才看得懂，就知道为什么要畏惧其言了。因为这是天言。如果不听，就是犯天颜，遭受恶果也是自作自受。

宇宙万物利用各种自然现象，告诫人们何为吉凶，但是这些自然现象，只有圣人能够看懂，于是便有了伏羲画八卦，周文王编写《易经》，来指导人们辨别吉凶。然而随着时间的推移，自然环境和社会形态，早已经与远古社会大相径庭，那么现代人又该遵循怎样的生活法则？而孔子又给我们带来了哪些启示呢？

《论语》的《学而篇》其实是《学天篇》，古时候，"而"字和"天"字是相通的。最后以讹传讹，错误沿袭，以至于此。就像现在很多人把"即使"读成"即便"一样。其实，很多字都是被误传，这是很要命的。

从这个角度来说，我们才可以理解孔子为什么总是述而不作。述而不作的意思就是，孔子只是老老实实地把天所垂之象引申、推广，他没有任何自己的创作。可是现在很多人都不承认这一点，认为《论语》明明就是孔子所作。其实，《论语》正是孔子为老天代言的范本。如果孔子自己有所创造，他早就被后人超越了。长江后浪推前浪，一代更比一代强。我们看西方就明白了。西方人的学问，总是免不了被后人推翻的厄运。老实讲，圣人看到天象，只是说明这个象而已。现在人总是热衷于自己的创作，甚至于看不起孔子，想打倒孔子。但是孔子是打不倒的，就是因为他述而不作，这才是伟大的谦虚，才是真正的知天命。

> 孔子是打不倒的，就是因为他述而不作，这才是伟大的谦虚，才是真正的知天命。
> ——《易经》的智慧

孔子说自己绝不是生而知之者，他并不是天生就懂得这些道理，拥有这么大的学问。他只不过是好古，敏以求之者也。再者，畏圣人之言。因为人可以弘道，而不是道来弘人，一切都是自作自受，孔子是懂这个道理的。我们一定要按照孔子原来的构想，按照其原来的用意，追随孔子述而不作的精神，这样才有办法恢复《易经》本来的面貌，这样才叫作忠于学问。

述而不作，其延伸的涵义对现代人具有重要启发：生活的方式随时都在改变，但生活的法则绝对不能轻易改变。无穷变幻的自然现象，背后都有一永远不变的道理。这个不变的道理就是我们的生活法则。这也就是中国人为什么秉持内方外圆的处事原则的原因。内心的方是一种坚持，外面的圆则可以随时因事而改变。

第八十九集　崇尚自然

内方就是不变的经，生活法则就是内方。方方正正，不能改就不能改，这是丝毫不能让步的原则。但是外面的方式随时可以调整，随时可以做不同的表现。所以，很多人认为中国人很滑头，他们看到了这类人总发无名的脾气，就是因为看不懂他嘛。"滑头"是什么？是油滑，内心没有操守，外面没有坚持，跟轮子一样，滚来滚去。中国人只能圆通。圆通，就是自己坚持原则，只是别人看不到而已，外表看起来是圆的，但心里有自己的坚持。中国人很执着吗？他不执着。中国人不执着吗？可他也有很执着的地方。

可西方人不了解我们，因为他们看不懂我们，他们的学问不是天垂象，更不是什么圣人则之。西方人只相信看得见的东西，而中国人知道，既然有看得见的东西，就有看不见的东西。我们要把这两部分结合起来观察。所以，我们在研读《易经》的时候，要两个卦两个卦的来看待，而不是一卦一卦的来分析。

孔子主张"述而不作"，指出任何的发展变化，都不能背离自然规律，否则便会自作自受。但是，如果我们完全尊崇自然，彻底听其自然，将会产生怎样的后果？从《易经》卦象的变化中，我们又能得到哪些启示呢？

每一个卦，都有六个爻，每个爻都有其通例，这是我们已经很清楚的了。一般说来，初爻和上爻是相对的，初难知，上易知。一加六等于七。二多誉，五多功，二跟五也是一对，相加还是七。三多凶，四多惧，三加四又是七。大家可以发现，六爻两两组合，最终所得之数都是七。

古代的人，都是七天洗一次澡，叫作七日一沐。同时西方人也规定，seven days a week，七天一周，这就叫殊途同归。

现在想来，如果东方和西方在计算日子的方式上都不能达成一致的话，那人类还怎么共处呢？可见，宇宙是万宗归一的。万事万物，纷繁复杂，但是总有一个统一体在里面。"一"到底是什么？其实，《易经》早就阐述出来了，"一"就是太极。西方人做什么，都没有做到如此地步。

所以，我们不要小看《易经》的数，不要认为它是迷信。大家可以看到，乾卦的六爻都是阳爻，当初爻一变，就变成了姤卦，两爻一变，就变成了遯卦了，至于三爻一变，就成为否卦（图89-1）了。这个变化过程意味着宇宙的元气越来越衰弱，人也是一样的。

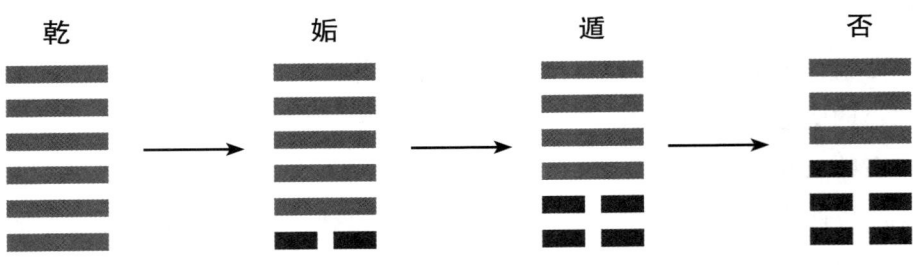

图89-1

人生之初，朝气旺盛，就是阳；到了壮年，阳气达到极盛的状态；中年以后，阳气渐衰；到了老年，就是暮气沉沉了。你看那些老先生，他能站得直吗？根本不能。否卦之后，四爻一变，就是观卦，五爻一变就是剥卦。等到六爻全变，就是坤卦了（图89-2）。

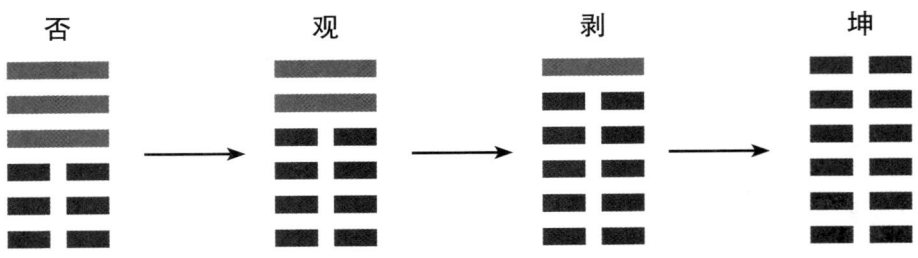

图89-2

我们举个例子，一家公司发展得非常好，那就是乾卦。乾卦就非常好，其六爻都很积极，都很主动，都非常自强，这样的公司会倒闭吗？会的。因为这样的好公司，所有的人都想进来。正人君子想尽办法想挤进来，如果挤不进来，那也就算了，他不会耍什么手段。可是那些小人是不择手段的，非得挤进来不可。进来之后，当然得从基层做起，现在乾卦就变成姤卦了。姤卦就表示，有些不合适公司发展的人也进来了，在位的人

第八十九集　崇尚自然

也没有办法阻止他。等到他上升到一定的职位,自然又扯进一批小人来。

等到初爻跟二爻都由阳转阴的时候,乾卦就变成遁卦了。遁卦就提醒我们,如果警觉性够高的话,就赶紧辞职去找别的工作。因为这家公司快垮了。这叫作先见之明、见微知著。如果这个时候,还没有一点警觉性,觉得不会有什么大事发生,那就糟糕了。当事态演变到否卦的时候,再找工作就困难了,公司也会对我们有成见。

否卦的下一卦就是观卦了。什么叫"观"卦?就是大家你看看我,我看看你,然后两手一摊,表示无能为力,最后就各自散了。所以,观卦下来就是剥卦,剥卦之后,就是坤卦了。

这些都是数的表现。所以,我们一直说,只能够顺其自然,不能听其自然。顺其自然是对的,按照自然规律去走,没有什么过错。但是不可以听其自然,听其自然很快就一无所有了。纯阳变成了纯阴。那就表示所有的资源都耗尽了,精神都萎缩了。

《易经》卦象的变化提醒我们,要顺其自然,但是不能盲目地听其自然,更不能因为眼前的小利,去破坏自然。那么,当我们面对因为违背自然规律而造成的不良后果时,又该怎么做,才能改变现状,寻求正道,从而化险为夷呢?

当乾卦的初爻变、二爻变、三爻变、三爻皆变的时候,各位就知道,下卦的那个乾已经不见了。上乾的阳气还在,下乾阳气已尽,就是下半身统统瘫痪了。所以,否卦和泰卦,人们往往对它们的互动和变化听之任之。反正早晚会否极泰来。这本身没有错,但是,如果命没有那么长,根本等不及泰来就撒手西去,岂不太冤屈了?

否卦一变就成观卦,观卦再变,成为剥卦,然后就要顺势变下去,最后是坤卦了,那就救不了。所以,我们就想出一个办法,把否卦先变成益卦,益卦再变成损卦,损卦就变成泰卦(图89-3),这样经过三步就变成泰了。这就叫用人力来加速否极泰来,同时还是顺其自然,而绝不是听其自然。

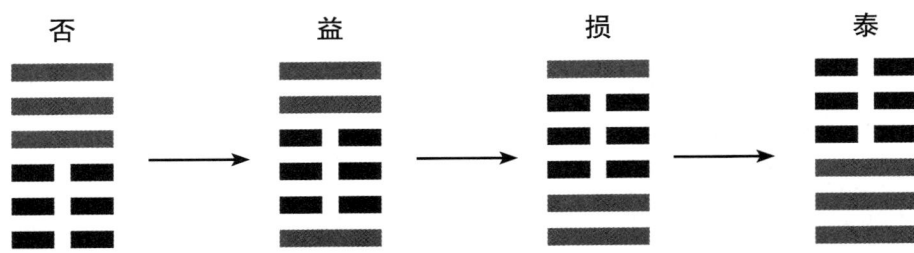

图89-3

　　下卦的中叫作二，上卦的中叫作五。但是全卦六爻合在一起的时候，三爻跟四爻又是中。所以，二三四五这四个爻基本上都叫中。大家除了初爻和上爻听天由命之外，其他四个阶段都可以用理智来指导自己。按部就班，稳扎稳打，不能出差错，这是《易经》的要求。但这是非常困难的过程。我们常说，颠三倒四，不三不四，就是没有讲到正，叫作三反四复。

　　什么叫三反四复？这实在不容易懂。我们举个例子就好了，一个礼拜有七天，复卦里面有七日来复，《易经》的复卦，卦辞写得很清楚：七日来复，天行也。七日来复，其实是老天给我们的数字，不是人创造的。这又是跟孔子一样：述而不作。《易经》只是把老天告诉我们的东西加以转述而已。

　　七日来复，现在叫作一周。我请问你，礼拜一工作效率高好不好？很显然不好。尤其现在周休两天，那礼拜一就是半放假，因为周末玩得很累，打了两天牌，无精打采，这是必然的。到了礼拜五又觉得，又要放假了，有事情反正做不完，与其留个尾巴，不如下个礼拜再说吧。去头去尾只剩下礼拜二，礼拜三，礼拜四，一周只剩下三天了。那是礼拜二开始做呢，还是礼拜三才开始做？如果等到礼拜三开始做，万一做错了，就没有时间补救了。所以，必须礼拜二就开始做，礼拜三开始反复检讨，万一错了，礼拜四才可以掉头来补救。

　　当然，我们不能说三反四复就是这个意思。因为它蕴含了太多的东西。我们读《易经》这么久了，应该知道，数是很深的学问，这样各位才知道，为什么中国人常常讲，我心中有数。我眼睛在观象，但是我心中

第八十九集　崇尚自然

有数。

象里面有数，六个阳爻只有一个卦。可是五个阳爻一个阴爻，可以构成几个卦？四个阳爻，两个阴爻呢？三个阳爻，三个阴爻呢？所有的变化加起来不多不少就是六十四个卦，这是非常精确的数学。我们常说，一切有定数，这是事实，只是我们没有听懂。如果宇宙间没有定数，自然怎么衍变？那人类会恐慌的。我们今天过的日子很踏实，就是因为一切有定数。我们知道剥极必复，知道否极泰来，知道一切都是循环反复，对未来才不会感到恐惧，因为我们心中有数。如果一切乱了，求新求变，连老天爷也在求新求变，那人岂不是最糟糕？

眼观天象，心中有数，正确发挥人类的主观作用，能让我们在出现问题时，做到及时补救，并且加快否极泰来的速度。那么，饱含古老智慧的《易经》，还给我们的日常生活带来哪些启示呢？

读《易经》的人会慢慢体会到，它总是一句话讲到差不多就不再讲了，再讲下去就错了。任何事情讲到七八分就行了，要留些弹性，因为情况随时在变，这样才有一个应变的空间。如果话讲满了以后，一点弹性都没有，而环境继续变，那又当如何应对？每一句话都有相当的道理，当一个人过分强调没有错的时候，就已经错了。这才是《易经》三反四复的基本要求。我们现在并没有把三反四复的真正功能说清楚。因为我们学到这里，还没有资格去了解那么深的东西。我们只是告诉各位，数的变化是无穷的，就好像象的变化是无穷的，而道理也随时在变动。所以我们中国人很少讲"一定是这样"。《易经》只有四个字，叫作大致如此，六十四卦都是大致如此，差不多。所以，差不多是最高的智慧，可惜现在人一听到就皱眉头。很多人觉得差不多是不行的。所以，现在人已经开始搞不通道理了。这也是我们为什么要花这么多时间来讲《易经》的原因。

易经的智慧·第九十集

二合为一

中国人有句古话，叫作塞翁失马，焉知非福。这句话告诉我们，事物是可以转换的，当条件改变后，坏事可能变成好事，而好事也可能变成坏事。这古老的智慧其实是来自于《易经》，因为《易经》的六十四卦就是相互关联、彼此转换的。因此，当我们对《易经》有了初步了解之后，就不能简单地来看待每一卦，而是要一对一对的看卦与卦之间的关联。那么，当我们以这样的思维来看待《易经》的时候，又能得到怎样的启示呢？

第九十集　二合为一

《易经》六十四卦，分成上经和下经两个部分，上经所重的是天道，而下经是以人道为本，这就是所谓的天人之学。上经从乾坤开始，告诉我们没有天地，万物就不能生长。这样大家才能理解，为什么我们中国人经常把"谢天谢地"挂在嘴巴上。下经从咸、恒两卦开始，它们都跟感情有关。大家可以想一下，人如果没有感情的话，还算是人吗？这是非常清楚的问题。

《易经》六十四卦，要一对一对地来观察。大家从《易经》的排序可知，前面乾坤两卦是相错（图90-1）的，就是说乾卦的六个阳爻突然变成坤卦的六个阴爻，这是很大的改变。在近代科学史上来说，就是宇宙赖以起源的大爆炸。所以，要两卦一起看，才看得出名堂来。泰卦、否卦，它们是颠来倒去的，倒过来看是泰卦，倒过去看就是否卦，这就叫相综（图90-2），也是两个卦放在一起来看。

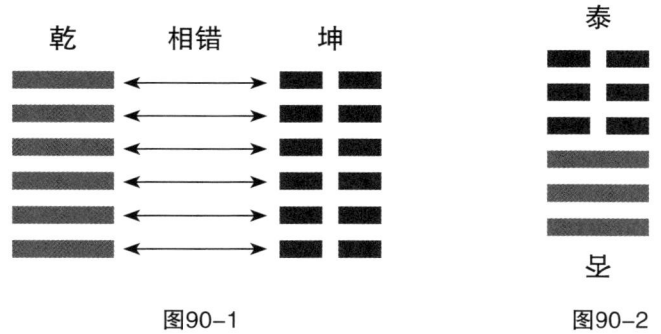

图90-1　　　　　　　图90-2

损、益两卦也相综（图90-3），从这边看是损，从那边看是益。其实损就是益，益就是损，损中有益，益中有损，二者是分不开的。可是，

一般人不是这样，他们只是看到事情的一面，看不到另外一面。所以，当我们碰到损卦，碰到泰卦的时候，一定要小心。损卦的六三爻，其爻辞讲的最清楚：三人行，则损一人。就是说三个人一起走，就得损掉一个，还留下两个。这句话可以有不同的解释。我认为，此爻辞用来形容我们的婚姻，我们的爱情，是再恰当不过的。一个人，形单影只，总想找到能共度此生的另一半，找到了之后，一个人就成为两个人，二人就要彼此关心、相互包容，相互帮忙，否则的话就会闹意见，就会有矛盾，就会起冲突。这样，即使结了婚，也会离婚。如果是三个人，三角恋，那就开始杂而乱了。这种事情大家看得太多了。

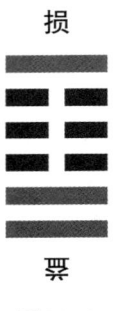

图90-3

一孤单，二要专，三则杂而乱，把整个婚姻的关系都讲完了。现在，一个人孤单不孤单？如果不孤单，那就不需要谈恋爱了，自己跟自己玩就好了嘛。现在的都市白领，忙了一天，晚上回来非常劳累，总想找个人聊聊天，总想找个人吐吐口水，可家里空荡荡的，不孤单才怪。

所以，孤单的人内心都渴望找个人恋爱、结婚。等到结婚以后，两个人都得专心一致地对待对方。专心一致，古代有一个词与之相近，叫作贞操。现代人一听贞操，就皱起眉头。他们认为，都什么时代了，还讲这老一套。其实，如果只强调女方坚守贞操，那当然是不公平的。如果要求男女双方都对对方保守贞操，那还有什么错呢？什么是专？专就是双方都认定，不许第三方介入。第三者，用现在时髦的话，就是小三。三则杂而乱。为什么说三人行必损一人？道理就在这里。

第九十集 二合为一

我们没有完全损的道理，也没有完全不损的道理，只能在损与不损之中寻找一个平衡点。

我们一对对看六十四卦，就会发现，这些卦或者互为综卦，或者互为错卦，你中有我，我中有你，通过阴阳的转换达到变化。然而，光了解卦的变化还不够，怎样才能将这些转换成生活的智慧呢？

我们读《易经》，最好从生活当中去体验，而不要拘泥于文字方面的训诂。一个道理，其判断的标准是合不合理。但是合理与否的标准，恰是一个钟摆，随时在动，随时会偏向相反的方向。所以，对一件事情的判定，并没有固定不变的标准答案。这样，我们才能够理解孔子所说的"无可无不可"的含义。凡事没有绝对的可能，也没有绝对的不可能，所以，我们常常说二者合二为一。合二为一即是一体两面。这句话，我们要好好去领会。

请大家思考一件事情：现在经济社会的分工现象好不好？你也许会说当然好，分工可以提高工作效率。但是，不可否认，分工的负面结果很严重。它使得人们缺乏对工作的兴趣，使得生活变得单调、乏味。所以，工厂里很容易发生意外，发生严重的灾害。可是不分工也很糟糕。费的力气大，但效率很低，吃力不讨好。

因此，我们从《易经》就很容易了解，分工是不得已的事情，但要达到合作的目的。如果分工不能达到合作的目的，那还不如不分工，这是很完整的一句话。分是为了合，否则，分就没有意义。分中有合，合中有分，这就是《易经》的道理。

适可而止，就叫合理。"法"是固定的，所以"法"有一定的限度。"理"是有弹性的，所以，凡事要想做的合理，就要靠自己动脑筋。

合中有分，分中有合，其中分分合合的智慧恰恰是从另一个角度阐释了《易经》的道理，凡事没有绝对的好坏，掌握合理的度才是最高的智慧。那么该怎样掌握这个度，《易经》中的损益两卦又能给我们怎样的启示呢？

我们来看看损卦和益卦。损卦是从泰卦变来的，益卦是从否卦变来的。把损卦和泰卦放在一起，就会发现，损卦就是泰卦的九三爻和上六爻相互交换了一下（图90-4）。泰卦的下卦是三个阳爻。现在，第三个阳爻变成了最上一爻，这就叫作损下益上。损下益上这四个字从卦象来看，就是因为这两个爻变动的结果。现在下乾损失一爻，去"争益"坤卦。因为，坤卦三爻都是虚的，现在用一个阳爻去补益一个阴爻。

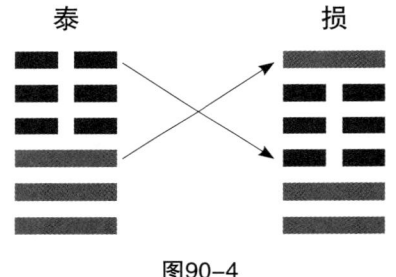

图90-4

再来看益卦和否卦（图90-5）。益卦是由否卦演变而来的。否卦的下卦是坤卦，三个阴爻，上卦为乾，三个阳爻。现在，损掉上乾的一个阳爻，来补益下坤的一个阴爻。这就叫损上益下，就叫益卦。为什么我们特别把这两个卦拿来讲？就是因为这两个卦可以给我们带来很多启发。损下益上是比较容易的。很多人都在损下益上，欺负老实人，去奉承那些有钱有势的人。有钱的人，大家都去巴结，没钱的人，大家就没有什么好脸色。

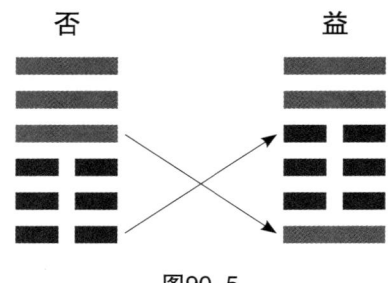

图90-5

第九十集　二合为一

所以，《易经》特别提醒我们，损下益上，就是损卦；相反，如果是损上益下，那就是益卦。一般而言，如果把有权势的人的好处拿来给予平民百姓，是很困难的。正因为这样，《易经》才把损下益上叫作损。就是告诉我们，要小心，不要做这种事情。同时，《易经》告诉我们，如果能够损上益下，那才真是益。有人读到这里，可能会说，那我们以后就做损上益下的事情，这可以吗？当然不可以。

如果专门损上，损到最后，即使再富裕的人也会变得穷兮兮。所以，任何事情都得适可而止，不能过分。大家可以看到，《易经》刚刚告诉我们应该这样做，但是马上就转过头来说，不可以总是这样子。很多人一听很火大，心想：这本书到底在讲些什么？怎么这么矛盾？其实，我们都知道，中国人说话也是这样，总是摇摆不定。这就是所谓的一阴一阳之谓道。环境在变化，因素在改变，人怎么能不改变呢？

《易经》这部书，其主要的思想专注于人的修德方面，即修养人的品德。当年，严复先生在翻译亚当·斯密写的《国富论》时，就说：损下益上，非也。"非"就是不对。损上益下，亦非也，也不对。《国富论》这部书，里面有三十二篇都在反复说明一个道理：要上下互惠。其实，严复先生的意思是，西方经典所主张的思想和中国《易经》中的精神是一致的。

今天，我们动不动就讲双赢。什么是双赢？损益就是双赢。可双赢明明是不存在的。比如赌博的双方如果都赢钱，那钱从哪里来？他们是零和博弈，不是你占便宜我吃亏，就是我占便宜你吃亏。所以，双赢真正的意思是没有输赢。这怎么能做得到呢？

中国人很了不起，为人经商，最高的境界是什么？就是赢的人装作没赢，输的人装作没输。大家可能会问，有谁做到这点了？当然有。当年关公去攻打长沙，长沙守将是个老将军，叫黄忠。他们两个人打，关羽装没赢，黄忠装没输。可是黄忠心知肚明：这次我输了，你是手下留情，你没有让旁人，让第三方发觉我打败了而已。这就是亚当·斯密所讲的，也就是严复先生所说的，损上益下不好，损下益上也不好。所以，当我们把损益两卦二合为一，就会想出很多东西来。损人最后一定是损己；帮助别

人，最后就是帮助自己，从实际的状况去了解，大家会觉得果然如此，损益相综。

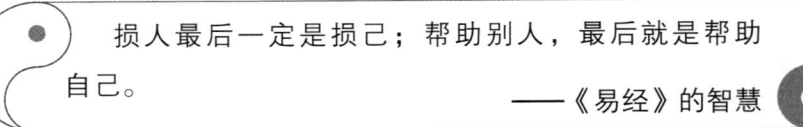

损人最后一定是损己；帮助别人，最后就是帮助自己。
——《易经》的智慧

西方的现代文明中充满着中国古老的智慧，损益的平衡，各方利益的均衡，就是损益两卦所阐释的那个合理的度，如此才能达到双赢的目的。那么，损益的智慧仅仅只局限在物质中吗？损益平衡的道理放到其他方面，还能给我们怎样的启示呢？

如果完全从物质的方面去了解损益两卦，我们是不会看出太多的东西来的。如果从品德的修养方面去看，内容就非常丰富了。孔子在很多地方特别强调说明这两卦。首先在《系辞传》中说：损，德之修也。自己主动减少不善的地方，主动减少过失，那就叫损。"损"就是把自己的缺点损掉，消灭掉，那就修德了。益是什么？德之裕也。"裕"就是扩大，增加人的美德，充实人的善良，扩大人的善行。这都跟道德修养有关。然后他又说：损，先难而后易。益，长裕而不设。"先难"表示当一个人"损"的时候，的确是很困难。而"后易"是说，因为是损己，改正毛病，最后得到很多好处，这才叫作后易。治损不善叫作"先难"，因此而得到很多利益就叫作"后易"。读《易经》千万记住，要了解它里面的深层意思，不能随便一看就说自己懂了。刚开始做的时候，可能很困难，慢慢养成习惯以后，就越来越容易了，这就叫为善也易。因为有所舍，必定有所得。当一个人舍的时候，会觉得很难割舍，可是得的时候，反而会觉得太过容易。一般人没有这种感觉，因为第一关就过不了，舍不得割舍，明知道自己有坏习惯，但改不了，那就没办法了。

什么叫作"长裕而不设"？就是能够长期扩大自己的善行，而且永远

第九十集　二合为一

不故步自封。因为道德的修养没有时限，需要一直提升才行。接着他又说：*损以远害，益以兴利*。"损"可以让人远离所有的迫害，而"益"，可以增加很多福利。因此，我们从孔子的解说里知道，要从人的品德修养方面来看待损益两卦。

找到损益的平衡可以在经济上达到双赢，修养上自我提高。那么，如果将损益的智慧放到兴邦立业的大事中，又能获得什么好处呢？

其实，从很早的时候起，人们就很重视《易经》的道理在政治上的应用。如果从政治方面来看损益两卦，"损上益下"是什么意思？就是政府拿钱出来建设公共设施，让老百姓交通方便，生活安逸。而"损下益上"是什么意思？就是从老百姓身上多征收税款，让政府来用。所以，在这里，"上"就叫政府，"下"就是人民。政府的基础是什么？就是人民。如果人民穷困的话，政府再有钱也没有用，顶多经过一段时间的虚福，后面就慢慢亏空败落下来了。这就好像挖土盖楼台，等到土挖得差不多了，楼台也就垮掉了。

因此，我们就知道，要合理地征收税收，也要合理地取之于民用之于民，这才是合理的税负结构。政府依法收税，人民诚实纳税，看起来好像是损下益上，这是损道。但是，如果政府的税率是合理的，而且政府会着眼于老百姓的需要，把税收拿来做正当的用途，比如医疗卫生、基础设施、教育等方面，那对整个国家、整个社会，都是有好处的。老百姓得到实惠，获得好处，那就变成了"益道"。所以，从一方面看，它是损道；从另一方面看，它就是益道，这两个是一体两面，分不开的。

政府抱有损己益民的心态，好不好？当然好，因为越帮老百姓，老百姓越容易有收获，将来的税收就越多。我们现在常听到一句话：想要富先修路。政府花钱来修路，交通方便了，货物的流通就非常畅通，自然会带动工商业的发展。如此一来，政府的税收自然增加。所以，损益之道，一损一益，益而损，损而益，一体两面，不可分离。

损中有益，益中一定有损，这样才叫作综卦。损益相综（图90-6），我们还要想想看，损的错卦是什么？是咸卦（图90-7），而益的错卦呢？是恒卦（图90-8）。从这里，我们就知道，可以两个卦一对来看，也可以把它们扩大成四个卦来看，四个扩大到八个。所以，我们从两个变四个，然后变八个，这样一路扩展下去，就知道《易经》六十四卦是牵一发而动全身。我们可以把所有卦的内涵推理得非常充实、非常清楚，作为我们日常生活的参考，实践工作的借鉴。

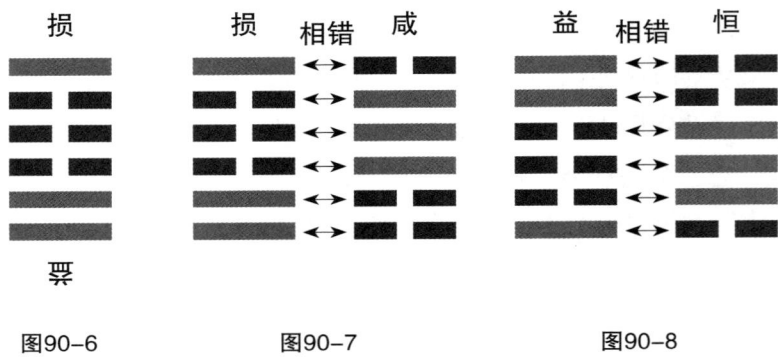

图90-6　　　　图90-7　　　　图90-8

所以，下一集，我们从损卦开始分析。我们要讲损以修己，看起来好像是自己损自己，其实是在修养自己的品德。

易经的智慧・第九十一集

损以修己

俗话说"塞翁失马，焉知非福"，《易经》中的损卦，正是告诉人们，有时受损不仅不是坏事，还会为自己带来好处，甚至某些时候，还应该主动舍弃，以换取收益。那么，损卦认为人们应该在什么情况下，主动舍弃呢？在以舍求得时，又该遵循哪些原则呢？

第九十一集　损以修己

　　《易经》中的六十四卦，每个卦都有一个卦名。每个卦名的来历，都有不同的方式。有的是从卦象而来，比如习坎，上下皆是坎难，就在告诉我们，人生就是面对重重的考验，既然逃不掉，就要面对它，熟悉它。有的卦，其卦名是从卦意得出，比如蹇卦，前水后山，进退两难，真正寸步难行。现在来看损卦，如果从卦象来看，山下有泽。看到此象，我们一定会怀疑，泽水到底是把水中的沙石推向大山，还是把山的基石一块块地冲刷掉？其实，这两种情况都有可能发生，潮涨潮落，山石坚硬与否，条件不同，结果就不一样。

　　这告诉我们，损中有益，益中有损。但是，在取卦名时，我们只能取一个，不能说这个卦叫作益损，或者叫作损益。其实，益损是讲不通的。因此，这个卦的卦名，既不是从卦象而来，也不是从卦意而来。那它到底从何而来呢？大家只要把损卦和泰卦对照一下，就明白了。泰卦上卦是坤，三个阴爻，下卦是乾，三个阳爻。现在，泰卦九三爻和上六爻调换一下位置（图91–1），就是损卦。为什么这样就是损卦呢？大家知道，阴爻为虚，阳爻为实，下卦的九三是实的，它去帮助上面虚的上六，也就是说下卦的阳实去增益上卦的阴虚，所以叫损下益上。但是，既然是损下益上，那我们也完全可以叫作益卦，为什么偏偏叫损卦？从这里就可看出圣人的用心之深。这是告诉我们，损上益下，就叫作益。现在它是损下益上，那就叫作损。损不足以补有余，这不叫损吗？大家可以细想一下，卦名如此，实在是高明之至。

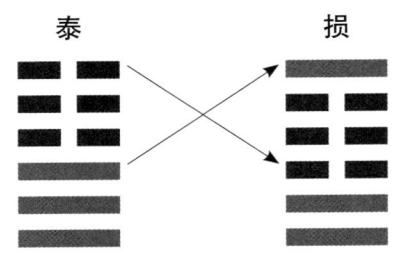

图91-1

现在我们看看《序卦传》是怎么讲的。它说：**缓必有所失，故受之以损**。"缓"是缓解，就是解卦。解卦不是把问题都解决了吗？怎么后面会损呢？这就是说，破财才能消灾。有困难要解决，可又舍不得花钱，行得通吗？行不通的。所以，如果觉得解卦都把问题解决了，可以松一口气了，就表示要失掉一部分了。因此，解卦之后就是损卦。我们要特别小心，当自以为把问题都解决了的时候，恰恰是最危险的时候，因为人在这个时候最容易松懈。所以，我们要提高警惕才是。

人们常说"有得必有失"，这正是在解卦之后出现损卦的最好注解。然而此外，还有一句话，叫作"有失才有得"，告诉人们在有些情况下，只有主动减损自己，才有可能获益，而这种以舍求得的方式，却正是应对损境的良策。那么，人们该如何把握舍与得的时机呢？在"舍"的时候又该注意哪些问题呢？

我们现在来看卦辞（图91-2）：**损，有孚，元吉，无咎，可贞，利有攸往。曷之用？二簋可用享。**

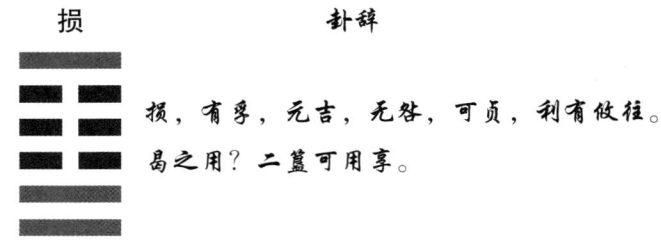

图91-2

第九十一集　损以修己

一个人受到减损、损失的时候，心中必须诚信，才会元吉，也就是大获吉祥。这是讲什么呢？这在讲政府的税收。上卦，代表政府，下卦则代表百姓。百姓要为政府缴税，而缴税就要把自己的一部分收入缴给政府，这就是一种"损"。所以，政府是受益的，叫作损下益上。

老百姓有力出力，有钱出钱，奉献给政府，政府得到老百姓的好处。这样好不好？无咎，没有什么不好，因为一国财政，必须取之于民。国家要造高速公路，要新建一些对老百姓有帮助的公共设施，要把埋藏在地下的矿产采掘出来，都需要很大的资本。所以，政府需要税收，即需要为民服务的本钱。

大凡事物要获益，必须要在某些方面舍得才行。就算要偷只鸡，还要舍得一把米呢。要做事情，必须有一些资本。如果什么都没有，就算有了好机会、好主意，也不能付诸实施，也等于零。所以，先损后得益，这是必然的规律。

但是，在"无咎"的后面，有两个特别的字，叫作"可贞"。"可贞"的意思就是说，不能过分。如果过分，就不合理；不合理，就不会无咎，很可能就是有咎。所以，读《易经》一定要反复来思考，从两个方面来了解同一件事情。税收合理，老百姓应该交；税收不合理，逼得老百姓连生活都很困难，这就不好了。长此以往，对政府也是不利的。

可是，我们在讲损卦的时候，总是从正面的态度来看待，尽量去避免消极、负面的思维，这是《易经》主要的精神。所以，它告诉我们：利有攸往。如果有所往，必有利，意思是去做就对了。因为收税本来就是国家职能赖以发挥作用的基础。

损卦告诉人们，如果能够舍小利而获大利，舍短利而获长利时，就应该果断地舍弃。然而即使如此，最终结果如何，能否受益，还得看舍与得的目的是否纯正，方式是否合理。那么，怎样才算合理呢？如果仍然以征税与纳税为例，合理的方式又是怎样的呢？

"曷之用"，意即收来的税到底做什么用？这是比较重要的问题。老百姓纳税，是应尽的义务。但是，他们也有监督政府合理利用税收的权利。这就是事情的一体两面。那税收应该用来做什么呢？"二簋可用享"，"享"就是祭祀。我们都知道，历代的君王，都要到泰山去祭拜，就是感谢泰山。高耸的泰山，历来是普降甘霖、风调雨顺，造福当地百姓的天意体现。

这告诉我们，政府征税当然可以，但千万要记住，税收要取之于民，用之于民。那祭祀到底是要铺张地办，还是要简单来办？这就得看情况了。祭祀可以搞得很铺张，叫作八簋，就是八碗饭。现在它说"二簋"，两碗淡饭。政府把老百姓的税收来以后，要怎么样去用之于民？要凭良心，绝不可以说，反正这是无头无主的钱，爱怎么用就怎么用。这样想，就说明只是顾及自己，还没有考虑到老百姓。政府首先要节用爱民，老百姓才有合理缴税的义务。

损卦的象辞说：损，损下益上，其道上行。损而有孚，元吉，无咎，可贞，利有攸往。曷之用？二簋可用享。二簋应有时，损刚益柔有时，损益盈虚，与时偕行。

自损以奉上，只要损而有孚，就会元吉。损失的时候，心中仍有诚信，就会大获吉祥。只要获得老百姓的信任，就会利有攸往。这个时候就可以放心地依法征税。但是关键是什么？就是"曷之用"，要把税收用到哪里去。"二簋可用享"，就是说要合理地使用税收，节用爱民，而不是不顾成本的铺张浪费，更不能奢侈。政府豪奢，就是浪费人民的血汗钱，那是不可以的。

"二簋应有时"，意思是说就算很诚心地对待老百姓，就算老百姓不会抱怨受损，但是，也应该切合时宜。比如说祭祀，一年春秋两季就足够了，不必一年四季都来祭。换句话说，当用不损，当损不用。"损刚益柔有时"，把阳刚的实损掉，去增益阴虚，这到底好不好，要看是否合时宜。只有合时宜，才算好。"损益盈虚，与时偕行"，损卦象辞的结论很简单，就是这八个字。要随着时机、环境的变化改变国家的税收制度。比

第九十一集 损以修己

如说,老百姓今年的收成比较好,能不能立马增加税负?看情况。如果在此之前,已经是连续几年的灾害,今年收成好一点,马上就增加,老百姓当然受不了。如果老百姓生活困难,是不是应该马上缩减负税呢?也不见得。因为如此一来,政府就没有诚信了。所以,与时偕行,就是说要配合时势,要有原则地应变,而不是随自己的兴致,爱怎么样就怎么样。

在《易经》六十四卦中,像损卦这样以阳包阴的卦象,多数都意味着要善用理智来约束情感,而这一原则运用到损卦中,正是告诫人们以舍求得的行为也要有所节制。然而现实生活中,人们在受益之后,却往往变得贪得无厌,那么这样会造成怎样的恶果呢?克制贪念最好的办法又是什么呢?

损卦的大象说:**山下有泽,损。君子以惩忿窒欲**。山下有深泽恶水,泽水自己损自己,把沙石往山上堆。长此以往,就会把山掏空,最终导致山崩地坏。所以,损之深层的涵义,就是一个人即使愿意损自己,等到损无可损的时候,起先因己之损而受益的人也一定会跟着受害。因此,圣人说,当我们看到这种自然现象时,就要想到惩忿窒欲。

人会经常犯两种错误:第一,凡事容易意气用事;第二,欲望无穷。所以,圣人教导我们,当别人愿意损己以奉的时候,我们要冷静对待,既不要意气用事,也不能逞自己一私之欲。

我们可以拿父子两代的关系来做个比喻。做儿子的很孝顺,把自己赚的钱寄回来一些。这时,如果父母觉得孩子在外面生活得很舒服,赚的钱很多,寄回这么一点钱回来实在不像话,那就糟糕了。这样的父母就是逼着自己的孩子去做不正当的勾当。需求无度的结果,就是连受益的人都害死了,都受损了。

我们常常听到一句话,为学日益,为道日损。什么是为学日益?读到这句话的时候,我们应该好好去体会这个"学"字,能够真正去实践,才叫作"学"。可现在的人都不断地增加自己的欲望,无所不用其极。比如很多的人,不管是买衣服,还是买化妆品,非名牌不买。以前所学,皆为

少私寡欲；现在所学，皆为实现自己的大欲求。这就使我们生出很多的烦恼，增加很多的困扰。"为道日损"，就是要通过自己的行动，通过自己的体验，通过自己的领悟，逐渐地减少自己的欲望。

其实人们不仅仅在受益时会需求无度；在受损的时候，更容易产生急于拥有的欲望，甚至是难以抑制的愤怒，如果不加约束，结果只能损人又不利己。那么，人们应该如何把"惩忿窒欲"的修养，贯彻到日常生活中呢？面对生活中的各种损失，怎样的行为才是适当的呢？

当损的时候，我们一定要把握三个要领：

第一，要休损。用不着粉饰排场，打肿脸充胖子。比如，我们送礼，是不是一定要送很贵重的东西？是不是一定要送那种很难得的东西？其实也不见得。

有一次，我到某个地方旅行，招呼我们的是一位妇女，非常和善，整个旅行都非常愉快。当我们离开的时候，她说："你们来，我们很高兴，可是我的收入很少，没有什么好东西送给你们，这是我从外面采来的一束野花，希望你们能够喜欢。"我很感动，直到现在还记得她的情谊。这种深情厚谊，不是因为物质的厚薄，而是发自于人的修养、人的感情。中国人常说，礼轻情意重。可现在的人，没有这方面的修养，一看到别人送的礼不够重，不够分量，就不待见人家，更不用说把人家所求之事放在心上了。

这就完全失去损的意义了。"损"是对方诚心诚意的一种表现。所以，受礼之人也要合理地去接纳。中国人讲礼，经常在"礼"的后面加个"节"字。就是说，所有的礼尚往来都要受到合理节制。不是说一个人有钱，就送别人最贵重的礼物。送礼送到这份上，等于没送。要让受礼之人感到自己的诚意，而不是说自己想以送礼的方式贿赂他，巴结他。

第二，损是逆休。因为一般人都不愿意损，谁愿意损？钱放在自己的口袋里，才最踏实。要大大方方地送给别人，大多数人是舍不得的。所

第九十一集　损以修己

以,现在有很多富家子女一出国就不想回来,为什么?说白了,就是想赖债。他在国内的时候,得益于自己的父母、朋友,他可能意识到,除了父母的恩情不可与一般人同日而语以外,朋友的恩情是要还的。想到要还债,还不如直接躲在国外,不回来算了。可见,"损"不是很容易的事情。所以,要"逆休"。意思是说,老天爷总会在人的一生中,安排人们去做一些让自己不痛快的事情。只有这样,我们才知道,人生不如意事十常八九。人生也不可能只做痛快事。所以,有时候越舍不得,老天越要让他舍得。因此,破财有时候是不可避免的,当然也绝非都是坏事。

第三,"损"有俭约的意思。"节省"也是损。比如说,这钱原本是可以花的,但现在我节省下来了。一看到名牌皮包,我就想买,可是当想到妈妈都没有用上这种昂贵的皮包时,我怎么好意思用呢?再者,这笔钱可能还有更加重要的用途。所以,这样一想,就可以节制自己的欲望。本来可以让自己的欲望得到满足,可以让自己很痛快,可现在减损了自己的欲望,减损到使自己不痛快了。其实,这是好事情。所以,我们现在应该了解,"损"是修德之卦,是修己之卦。一个人,能够克己益人,就了不起。所以,做好事,一定要低调,不然就违反损道了。

比如说,现在一个人赚了一个亿,拿出三千万来帮助别人,这对他来说是损,是逆休,是自己非常不情愿的。因为自己的不情愿,因为自己的情非得已,所以就高调,这完全违反了低调做好事的原则,别人会说他沽名钓誉,是花钱来做广告。所以,虽然他做了好事,大家对他并不认同。别人认为他在炫耀自己,在耻笑他们不如他,这就是江湖上所说的半吊子,做事不漂亮,也违反了"损道修己"的道理。

讲到这里,大家应该很清楚"损"告诉我们的道理。它是说,当别人帮助自己解决了问题之后,就要做好心理准备,就要还这笔人情债了。不然,以后谁还愿意帮自己的忙呢?如果觉得问题一旦解决,整个人就可以松懈下来,后面的损失将会更大。《老人与海》中,圣地亚哥老人经过千辛万苦捕获大鱼之后,鲨鱼也紧随而至。最大的威胁总是在人们处理完棘手的困难,自以为无事之时到来。所以,我们绝不能掉以轻心,最好早做

好准备为妙。怎么做好准备呢？就要惩忿窒欲。"惩忿"，就是不要一天到晚发牢骚。发牢骚有什么用？谁会听你发牢骚呢？"窒欲"，不要有太多的欲望。因为就算你有那么多欲望，老天爷也不会满足你。退一步说，即使老天都满足了你，那别人怎么办呢？所以，不要小看惩忿窒欲，这是很高的修养。

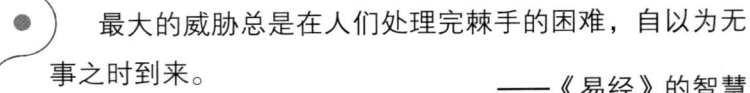最大的威胁总是在人们处理完棘手的困难，自以为无事之时到来。
——《易经》的智慧

可能有人会说，既然如此，那人活着还有什么意思？其实，惩忿窒欲并不是说让我们把所有的欲望都去掉。这是做不到的。一个人，损到无可损的时候，就不能再损了。因此，我们一定要走正道，一定要求合理。该给别人的，不能亏欠，这是损。损下益上的真正含义是什么？就是说，不能讨好，不能贿赂，不能拍马屁，不能包藏祸心，不能给了别人好处，就胁迫别人做他们不愿意做的事情。不然的话，就是设置陷阱让别人跳。历史上这种事情实在太多了。所以，当一个人近乎讨好地劝我们接受他给予的好处时，我们就应该警惕了。因为后面很可能就是两条自取灭亡的路：要么跳楼，要么坐牢。这种损才真正可怕。

所以我们讲到损卦，应该把重点放在精神层面，而不是放在物质层面。这样我们才知道，为什么老子会告诉我们"为道日损"。只有损己，才能修道。所以，我们下一集就来探讨一下：为道日损。

易经的智慧・第九十二集　为道日损

树木舍得落叶，才能获得新生，人生也同样是能舍才能得。然而只有把握好"舍"与"得"之间的尺度，才能利己利人。那么，《易经》中的损卦，是如何阐释舍得之道的？身处不同立场、不同阶段的人们，又该分别舍弃哪些东西，才能最终获得收益呢？

第九十二集　为道日损

损卦六爻,三阳三阴。初九爻是当位的,六四爻也是当位的。全卦之爻,唯此两爻当位,其他四爻都不当位。那么,是不是当位就好,不当位就不好呢?也不一定。因为六个爻当中,从初爻开始到六五爻都是损象,反而上九爻不损,是真正的受益者。其实,这也符合物极必反的道理。损无可损之时,必然开始得益。这就叫作损极必益。

我们从初九爻开始分析,初九爻的爻辞(图92-1)是:**已事遄往,无咎,酌损之。**

初九,已事遄往,无咎,酌损之。

图92-1

"已"就是停止的意思,意即停下自己手中要做的事情。"遄"是迅速地、快速地帮助别人。初九爻和六四爻是相应的,六四爻为虚,初九爻是实,阴虚之人,其欲望多半比较强,所以它极需要初九爻去帮忙。此时,初九怎么办?如果假意爽快地答应:好好好,等我忙完了,马上来帮助你。这可以吗?当然不可以。要么不帮助,要帮就要及时。

但大家要记住一句话,《易经》是不主张我们去救穷的。因为穷救不了,我们是救急,救急不救穷。朋友有急难,我们可以义无反顾地去帮助他。如果朋友贫穷,那是他自己不争气,我们也实在没有办法。这个道理

大家要好好地去领悟。

但是,就算把自己的事情停下来,去帮助六四,也得量力而行,就是要"酌损之"。要先斟酌一下自己的状况和能力,不要因为帮助别人而过分损害自己。为什么?因为初九爻自己的位置不高,实力也不够强大。就算初九再怎么样全损,再怎么样尽心尽力,甚至把自己损坏了,最后反而效果有限。所以,量力而行,斟酌处损,才会无咎。

我们在读《易经》的时候,只要看到"无咎",就要有警惕的想法:本来有咎,所以才会有所谓的无咎。如果本来就"无咎",那还强调"无咎"干什么?岂不是废话?这里有两层含义:第一,如果朋友有急,我们只是冷眼旁观,并不着急,这样就"有咎"了。就算我们最终伸手帮忙,也可能错过了最佳的时机,已经没有什么效果了。所以,当我们讲到损卦的时候,一定要记住:先人后己,先考虑别人的事情,然后再考虑自己的事情。第二,如果不衡量自己的实力,不是量力而行,那也是"有咎"了。

初九小象说:**己事遄往,尚合志也**。就是说,初九及时地去帮助六四,助其一臂之力。"尚"就是注重的意思,要注重合乎六四的意思。大家可以想一下,如果要帮一个人的忙,是不是得按照被帮助者的需求、原则来做?当然不能按照自己的意志,想当然地帮忙。热心是很重要的,热忱也是不可缺少的,但一定要适度,甚至有时候一定要节制自己的热心。如果被帮助者认为我们行事过度,反而是添乱,那就真的是越帮越忙了。

所以,当有人需要帮助的时候,我们首先衡量自己的能力能不能承受,然后看看对方需要帮助到何种程度,如果这两方面都没有问题的话,那么,我们可以暂且放下自己的事情,及时去帮助他。所谓损己利人,克己待人,真正对别人有帮助,那才叫损。

损卦的初九爻阳刚当位,劝诫人们在衡量了自己的实力,了解了他人的需求后,就应该首当其冲地牺牲自己去成人之美。然而,这一原则却并不适用于所有情况。损卦的九二爻,就告诉人们有时不积极行动,也能使

第九十二集　为道日损

他人受益，那么这又是一种怎样的状况呢？

九二的爻辞（图92-2）是：**利贞，征凶。弗损，益之。**

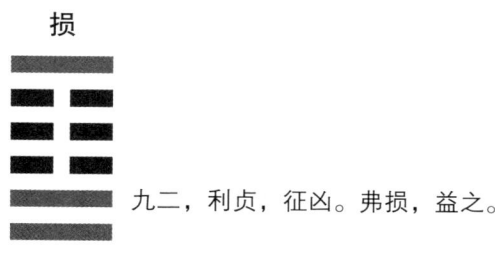

图 92-2

九二的意思是让我们不要损。损卦不要求损，看似奇怪，实则有其道理。因为九二是不当位的，意思是说九二本来就不应该去帮助人家。因为如果一个人有难，大家都来帮忙，这样反而不见得好。人多嘴杂，而且每个人有不同的看法，很可能迟迟不能下手。比如说，一个人躺在马路中央，没有医疗救助知识的人就不能乱帮忙。总得找个懂得情况的人来看看，才知道需不需要救，该怎么救。我们经常看到，很多热心的人，毛手毛脚地去救治人，反而把那个人弄得更加严重，这才冤枉。所以，损卦九二爻告诉我们，绝不能凭着一股热心，盲目地去施救。

九二爻应该谨守自己的本分，所以要利贞。第二爻原本是阴爻的位置，现在九二居之，说明它刚而能柔。九二是阳刚之爻，按其个性来说，肯定会义不容辞地一马当先，救别人之急，急别人之难。可现在自己身为阳爻而居阴位，就是说以自己现在的能力和立场，应该克制自己的热心，不能轻易地出手，反而要去做自己应该做的事情。

所以，与初九的爻辞不同，九二是动则"征凶"。因此，九二不能过分地损自己，否则会造成自己的不足。最后不但不能帮助别人，甚至于可能自身难保。我们可以用一个例子来深入思考。朋友向我们借钱，如果有借有还，我们会觉得朋友的确有通财之义。可是，如果有人总是借而不还，事有一二，我们觉得还可以理解。但是，等到第三次借的时候，我们

就会很犹豫,甚至遭受巨大损失。如果因此怀疑所谓朋友有通财之义的道理,认为完全是胡说八道,至而失去信心,就糟糕了。更有甚者,经此打击,竟然认为:朋友不通财,通财两不来。因为做好事,而对仁义失去信心,岂不是害人害己?所以,凡事一过分,就不好。正因为如此,九二的爻辞才告诫我们"弗损,益之"。"弗损,益之",就是不要过分自损,如此才真正对别人有帮助。一旦过分自损,就可能带有一定的目的性,要么是想巴结他,要么是想害死他。

其实,要害一个人,很简单。当他向我们借五块钱的时候,我们借他十块;他向我们借五十,我们给他一百。久而久之,就把他害死了。因为他觉得借钱很容易,必然到处借钱,借到最后完全偿还不了,最后不跳楼才怪。人不能过分热心,不能盲目热忱,在施以援手的同时,要考虑到被帮助者的立场,替他做长远的打算。这才是正道。

九二的小象说:**九二,利贞,中以为志也**。九二之所以能够守正道,就是因为"中以为志也"。时时刻刻以合理作为标准来规范自己的行为。孔子曰**高而能下**。当一个人职位很低的时候,很容易对人客气;可是一旦身居高位,就很难虚心向下了。因为这时他觉得自己很了不起,不知不觉就不会把别人放在眼里。所以,高而能下是一种很高的修养。

满而能虚。一个人,得到某种好机会、好运气而变得富有,此时是不是应该装穷?当然不是。最高明的办法是把财富拿出来与人合理共享。因为,地广而不平,人将平之;财聚而不散,人将争之。陶朱公经商,三聚三散,就是这个道理。其实,钱财是需要流通的,所以叫作通货。如果只管自己赚得盆满苯满,以后就很难再赚到大钱了。成功的商人都知道,赚钱的同时,还需要做些公益,自己才有胸怀、有空间赚更多的钱。

富而能俭。如果一个人富裕之后,就穷奢极欲,那算有什么修养呢?富而能俭的人,不会逞一己的欲望,不做无谓的浪费,总要问问这钱花得值不值得,有没有意义。**贵而能卑**。一个人,已经很富贵了,但对人仍然很亲切,很和蔼。**智而能愚**。这种修养就更难达到了。一个人本来智慧很高,但表面上看起来好像很迟钝。**勇而能怯**。本来很勇敢,但看起来好像

第九十二集 为道日损

很懦弱。**辩而能讷**。口舌非常好，但看起来好像不太敢讲话，好像很慎重。**博而能浅**。学问很广博，但是却能够深入浅出地讲给大家听，能让大家听得懂。**明而能暗**。眼光如炬，世事通达，同时也可以克制自己不必处处用明。因为水至清则无鱼，人至察则无徒。

中国的很多明星，都做不到这一点。比如说，去扮演一个乞丐的角色，可是出境前还要化妆，一伸手一抬足，斯文得不得了，完全不像乞丐。既然这样，就不要去演那个角色了。

我们中国人强调损而不极。这个"极"就是不走极端的"极"，不走极端就是中。得"中"之人，是为不器。即是说君子不器。做什么都可以，都能胜任，这才有弹性。只有品德修养很高的人，才能做到这一点。

虽然损卦强调的是舍己为人，但同时也告诫人们，"舍"是一种人生修为，需要克制己欲，适可而止。此外，损卦还提醒人们，遇到他人需要帮助的情况，不要一拥而上，否则也只能得到损人又不利己的结果，这是为什么呢？对此，损卦的六三爻又是如何阐释的呢？

我们来分析六三爻，六三爻的爻辞（图92-3）说：**三人行，则损一人。一人行，则得其友**。

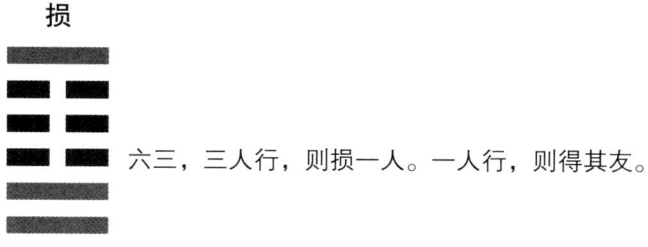

图92-3

损卦是由泰卦演变而来。泰卦的九三爻变成了损卦的六三爻。这说明整个人都损掉了，为什么？因为天地之道为两两相对，"三"显然不符合这个道。所以，三人之行，一定要损一人，才能复归到两两相对。那么，

为什么要损九三，而不是损初九呢？因为只有损掉九三，才会形成外阳包内阴的情形。阳包阴的卦是告诉我们，要凭理智行事，而不要感情用事。就是说要用理性来节制自己的欲望。

"一人行，则得其友"，泰卦三个阳爻，只有九三爻损掉了，变成一个单独的阴爻。独阴可以跟上九相应，一相应就意味着得到了自己的朋友。

所以，六三的小象说：**一人行，三则疑也**。其实，一人行之后，省略了"得其友"三个字。一人行，必得其友。但三人行，则疑。是怀疑谁呢？即是说作为上九不能确定到底是谁跟自己相应。如果初九和九二也变成阴爻的话，那后果是很可怕的。因为整个卦就变成了剥卦（图92-4）了，就是损无可损了。所以说，三则疑，这是非常有道理的。

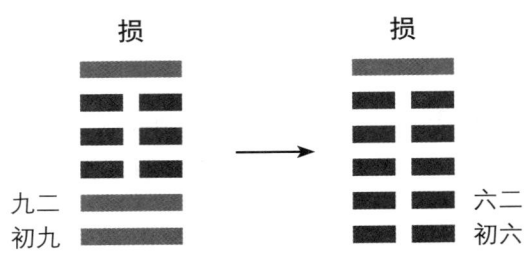

图92-4

六四和初九是相应的。初九很热心地帮忙，那么作为六四就会接受其诚意，给予其机会。六四的爻辞（图92-5）是：**损其疾，使遄有喜，无咎**。

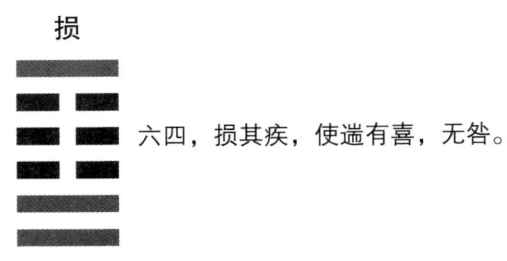

图92-5

第九十二集　为道日损

既然初九主动来帮忙，那为什么是损呢？因为"损其疾"，意思是把自己的缺陷损掉，把自己的不足补充起来。比如说，我现在缺钱，初九把钱借给我，我不就充实了吗？"使遄有喜"，初九一出手就解决了我的问题，我当然很喜悦，很高兴。

但是，喜悦归喜悦，六四应该注意到自己是在艮卦的下方，所以，要适度地控制自己的情绪，才能够无咎。如果六四觉得初九很热心，就需索无度，最后把初九的钱财败光，岂不是更加糟糕？

六四的小象说：*损其疾，亦可喜也*。六四身为阴柔之爻，阳刚不足，现在得益于初九的补充，内心很高兴很感激。但要记住，如果因为别人的帮助，就一时觉得很轻松，将来的缺失就更大了。

损卦一直强调先损而后益，因此当人们需要他人的帮助，从而获益的时候，也要先减损自己的弱点，懂得控制欲望，才能最终摆脱困境。然而，如果有的人已经身处尊位，不再需要从别人那里获得任何帮助，是否就意味着他不必再主动减损自己呢？

六五爻值得我们仔细思考，六五的爻辞（图92-6）说：*或益之十朋之龟，弗克违，元吉*。

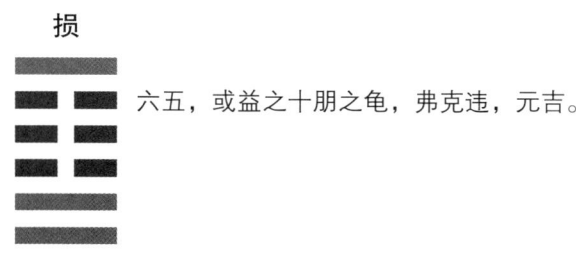

图92-6

"或"，就是有人。"十朋"代表价值相当昂贵。如果有人送给我们价值昂贵的东西，那我们要不要呢？六五在损卦当中是尊位。老实讲，身

处损卦，恰恰别人又想帮自己的忙，这个时候还自以为钱比别人多，资源不比别人少，进而拒绝别人的好意，这算有智慧吗？这样，即使有人想帮，也是无能为力的。老实讲，为什么六五也损？它损的是什么？就是损己之尊而益下，让别人有施以援手的机会。

现在很多父母都不懂损卦的六五爻。比如说，儿子给父母钱，父母却说：我养你不是为了自己的富贵。女儿送给父母东西，父母却说：我们用不着，你带回去吧。做父母的这样表示，做子女的有什么办法？因为父母连让子女表示孝心的机会都不给。

现在，父母觉得要体谅孩子的辛苦，弄得做儿女的孝心无处表达，这说明什么？说明父母只有自己，不会站在子女的立场为他们着想一下。现在，很多人都在唱高调，说什么养儿不为防老。中国人说这种话，不是很奇怪吗？

"弗克违"，子女的孝心，父母不必推辞，也不能推辞。只有这样，才会"元吉"，对大家都好。高而能下，为别人提供一些表现的机会，也是一种修养。但是要记住不能主动跟子女要，更不能抱怨。

六五的小象说：**六五元吉，自上佑也**。"自上佑也"，就是我们在《易经》里面经常看到的"自天佑之，吉无不利"。其实，父母接受自己子女的孝心，也不单单是为了自己，更是给子女在他们的孩子面前表现孝道的一个机会。有这种觉悟的人，才是真正的有智慧。

损卦的六五爻高高在上，却仍能主动自我减损，使他人受益，这种难得的修养，让我们看到了"损极益来"的曙光。那么接下来，损卦中这唯一一个不用自损的上九爻，又该怎样配合，才能不使众人的自损白费，从而达到益卦的境界呢？

到了上九爻，就是损极益来了。上九是全卦的唯一一个受益者，其爻辞（图92-7）说：**弗损，益之，无咎，贞吉，利有攸往，得臣无家**。

第九十二集 为道日损

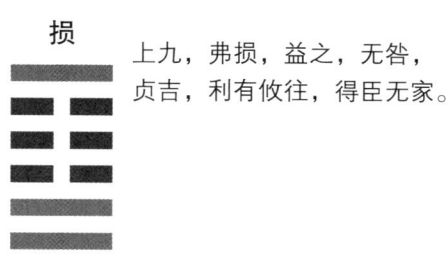

图92-7

此卦爻辞，直接告诉我们：你现在退休了，没有什么收入了。如果别人帮助你，你就坦然接受；子女孝敬你，你要觉得理所当然，这就"无咎"，没有什么后遗症。"贞吉"，意思是说只要守正，就会吉祥。可见上九爻还是有些偏离正道的可能的。为什么？因为它不当位。做父母的看到子女孝顺，很可能会贪得无厌，甚至于拿着别人馈赠的金钱，去赌博。这就不贞了，最终也不吉。

"利有攸往"，只要守正，不管怎么做都有利。所以，可以"得臣无家"。就是说上九与六三相应，但它们两个都不当位，所以正好配成一对。六三是全损，上九丝毫不必损，也没有损的必要。

但是，所谓不必损，其实也是要损。比如，逢年过节，包个压岁红包给小孙子。小孩子上学的时候，替他买些文具。这一方面是损，另一方面也不能算是损。因为，正是儿女孝敬父母的钱，父母拿出来买些东西给孙子，归根结底没有损到自己。

正因为此，才得到六三的相应。不然，别人会觉得上九什么都有了，什么都不需要了，甚至于生病了，他们也不管不问，到头来岂不是自作自受？什么是"无家"？一个老人，有好几个儿子，每个儿子都是平均照顾老人几天，老人在儿子家轮流着住，这怎么会有家呢？小家变成了大家，就无家了。

一个人能够自损，就容易得到大家的心。如果能够损小家，就能够得到大家庭的温暖。可现在的人，根本就没有什么大家庭的概念，都是小家庭。老夫老妻自己生活，把所剩无几的老本看得比什么都重要，儿女都是

贼,他们回来就是要啃老,必须提防。有这种心态,肯定就是小家了。这样下去,一辈子的努力也就付之东流了。一个人没有小家的观念,所有人都会欢迎他。

无家,其实是化家为国。我们常说,为天下者,不顾家。所以,上九的小象说:弗损,益之,大得志也。

上九不损其刚正之修养,别人就会心甘情愿地来帮助。"大得志也",就是说很风光地完成一生的志愿。一个人,可以什么都没有,但是不能没有高尚的品德修养。所以,损,无非就是损失物质,绝对不能损失品德。损物质以增益品德,这才是正道。

损物质以增益品德,这才是正道。
——《易经》的智慧

一个人要把目光放得长远一些,不能只顾到眼前,也不能只顾到自己。要知道,益下才是真正的益。所以,下一讲我们就来讲一下益卦。

易经的智慧・第九十三集

损极而益

《易经》中的损卦告诉人们如何正确把握舍与得之间的尺度，而与损卦互为综卦的益卦，则进一步告诉人们，如何通过修损而获得良好的增益。那么究竟什么是益，益与损到底有着怎样的关系？作为普通人，我们又应该如何正确看待损益的关系，而促使人生的质量有所提高呢？

第九十三集　损极而益

我们现在来分析益卦。益,不是损人,而是自损的结果。损人是不利己的,必须自损,才会益。比如,政府把钱拿出来建设公共设施,就是增益人民。但是政府的钱从哪里来?政府能够用印钞机大量印钞票吗?不能。所以政府的钱,实际上是从老百姓缴税得来的,老百姓损自己,以增益政府。而政府取之于民用之于民,反过来增益百姓。

当然,现在也有很多人储蓄,把钱储蓄起来。储蓄就是自损,本来手上有几个钱,本可以花掉,可以买更多的衣服,可以吃更好的食品,可以过更奢华的生活。但现在情愿自损,把这个钱存在银行里面。因为天有不测风云,人有旦夕祸福,如果一旦遇到苦难,叫天天不应,叫地地无门,这个时候就要靠平常的节俭来应急。储蓄的时候,就是自损,可是在应急的时候,那就是益卦。所以,损益这种现象是随处可见的。很多父母,自己再艰苦,也要全力培养自己的子女。父母不认识字,却从小教育小孩好好学习,送他去进好的大学,这就是自损,自损到最后,就会获益,怎么获益呢?小孩争气,整个家庭都被别人看得起,就算没有物质上的改善,精神上也获得很大的安慰。何况小孩也是有良心的,他看到自己的父母这么艰苦,全力栽培他,他有朝一日获得了成就,一定会回过头来照顾家里面。同时,他还会扩大范围,照顾乡里,让父母在自己的家乡有面子。其实这才是真正的大孝道。大孝道就是让父母因为自己而获得荣誉。

损到最后就会益,《序卦传》讲得很清楚:*损而不已,必益*。那就好像否极泰来一样,损到无可损的时候了,就增益了,因为物极必反,这是必然的。所以损卦之后,紧接着就是益卦。

从表面意思来看，益卦就是取得收益，获得好处。然而要获得好处，就需要付出一定的代价。这也正是《易经》中益卦的前一卦是损卦的原因。我们要了解益卦，还需从益卦的卦辞出发，那么益卦的卦辞又告诉我们些什么呢？

益卦的卦辞（图93-1）说：益，利有攸往，利涉大川。

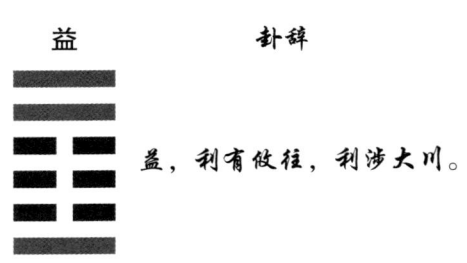

图93-1

"利有攸往"，就是告诉我们要照顾底下的人。上面的人要去照顾下面的人，当然要有所往，这样做必然有利益。所以，只要政府实施益政的措施，照顾好老百姓，特别是照顾好农民，照顾好幼童，甚至建立完善的医疗保障体系，就会得到人民的拥戴，这就是巩固了立国的根本，那当然是利有攸往。

"利涉大川"是什么意思？就是说政府平常去照顾老百姓，使民心都归向于政府，一旦外国势力来侵略的时候，或者国内发生什么重大灾难的时候，老百姓会自动自发地来响应，来拥护政府，来巩固这个领导中心，那当然利涉大川了。

益卦的彖辞说：益，损上益下，民说无疆；自上下下，其道大光。利有攸往，中正有庆；利涉大川，木道乃行。益，动而巽，日进无疆；天施地生，其益无方。凡益之道，与时偕行。

益卦是从否卦演变来的，否卦下卦是三个阴爻，上卦是三个阳爻，现在上面损失了一个九四爻，去增益下面的变成初六爻（图93-2），这就叫作

264

第九十三集　损极而益

损上益下。

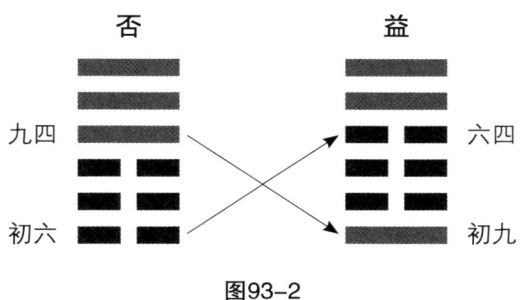

图93-2

为什么会"民说无疆"呢？因为老百姓很开心，政府都舍得照顾他们，他们怎么会不拥护政府呢？而且他们的这种喜悦是无穷尽的。大家可以看到，凡是福利国民的，凡是照顾全民的法令，没有人不欢迎。

"自上下下"，这个"上"，是指执政的人，以前是君王，现在就是国家领导人。"下下"，意思就是说执政的人施益下面的百姓。

"其道大光"，政府的德行泽及全民，所以"利有攸往"，不管怎么做都是非常有利的。

"中正有庆"，九五是上卦的中爻，它本身守正道，跟底下的六二爻又彼此相应，它怎么想，六二爻都会忠实地去执行。因此，这个国家就充满了喜庆。因为大家都觉得心情舒畅，感觉很合理，很公正，自然就没有怨气。没有怨气，人与人之间就和谐了，在这种情况之下，就好像天天都在过好日子，天天都是国庆一样。

"利涉大川"，在这种情况之下，国家的安全是没有问题的，因为谁都不愿意看到动乱。

"木道乃行"是什么意思？"木道"，其实就是指船。"木道乃行"，就是说，你像一艘船一样，可以很顺利地航行。政府照顾老百姓，老百姓像水一样，拥护这只像木头船一样的政府，那政府做什么事情都很顺利。

"益，动而巽"，益这个卦的卦象，下卦是雷，上卦是风。风是很顺的，雷是震动的，下面震动，上面又很谦逊，这就是上下附会，所以老百

姓对政府好，政府对老百姓好，上下附会，这才叫作动而巽，动而巽就是益卦的精神。

"日进无疆"，如果这样的话，整个国家、整个民族每天都会有进步，而且没有极限。

"天施地生"，天降雨露，普照阳光，而地生长万物。

"其益无方"，"无方"就是没有固定的方向，政府应该对百姓一视同仁，方方面面都要照顾到，不能偏爱一隅。

"凡益之道，与时偕行"，益是有它的道理的，要增益，就必须按照益的道理来走，我们把它称为益道。益道是要与时偕行的，要顺着时势来做合理的调整，这样才能够顺利进行。老百姓有什么需要，大环境是什么样的情况，政府要很清楚，并且针对老百姓的需要，针对当前的情况，制定出一些增益百姓的法令，好好去执行。

家庭的情况也是一样，两代之间怎么样去彼此增益呢？其实很简单。小孩小的时候，完全依赖父母，如果这个时候父母不会以上下下，不会尽心尽力照顾他，就是不称职。虽然父母现在收入不多，但是给自己的孩子最好的教育，凡自己力所能及，都尽量提供。小孩长大以后，自然要感谢父母的养育之恩，他就会孝敬父母，就会回过头来奉养父母。孩子小的时候，是父母增益子女；子女长大后，回过头来去增益父母，两方都互惠，这个家庭就很美满。

益卦的卦辞和象辞告诉我们：只有损上益下，最终才能互益互惠，这不仅是一种为政之道，更是一种齐家之法。那么益卦的大象传又是怎么说的？益卦风上雷下的卦象又能给我们哪些有益的启示呢？

益卦的大象传说：**风雷，益。君子以见善则迁，有过则改。**

益卦的上卦，是巽卦，为风。风，没有方向，风吹大地，每一个都会照顾到。益卦的下卦是震卦，为雷，与上卦的风响应。如果上下疏离，各干各的，当然不行。如果只是父母照顾小孩子，而小孩子不会奉养父母，

第九十三集　损极而益

人类社会就无法持续下去。

风雷益，这是自然现象，君子看到这种自然现象，就想到作为一个人，应该见善则迁。这个"迁"，并不是搬家的意思，而是向往的意思。

孟母三迁，就是看哪个地方好，就向往哪个地方。能够搬家，就搬到那里去；不能搬家，也要常带着自己的小孩子去学习。"有过则改"，人难免有过失，发现过失要马上改，就好像风一样，把所有缺点都扫掉。

子曰："择其善者而从之，其不善者而改之。"《论语》中的这句话，恰恰反映了益卦大象传里所说的"见善则迁"的道理。君子见善则迁，必然有所损益。那么在日常生活中，人们又该如何做好损与益的取舍，从而使自己的生活更加美好呢？

我们应该从实际生活中来体会。就像呼吸，是每个人天天都做的事情，如果你去问一个人，呼重要还是吸重要？大部分人都会说，当然吸重要了。吸就是益，呼就是损。先损后益比较好。如果只是呼气，把所有体内那些脏气统统排出来，那就是损，要把它损得干净，将来吸进新鲜的空气，才会增益身体。呼吸一定要好好地呼，把所有的晦气统统呼掉，这就叫舍。连一点空气都舍不得，那还得了。所以，舍得舍得，舍是舍，得是得，舍就是损，得就是益。所以，《大学》才会讲：知所先后，则近道矣。两件事情同样重要，但是哪个在先哪个在后，要拿捏得很准，能呼才能吸，能舍才能得。

比如，一块海绵，如果把水都吸满了，它就吸不了任何东西。海绵体能够吸水，就是因为它是干的。如果海绵已经充满了水，而又舍不得把这些水挤干，那它的吸水功能就消失了。

一个空杯，可以装任何东西，但是一旦装满了东西，就没有用了。装了醋以后，就不能装酱油了；装了酱油后，就不能装酒。这时候要看我们舍不舍得把瓶子里面的东西倒掉。把这个道理都想通了以后，就知道舍是很重要的，换句话说，想益，就必须先损。

我年轻的时候，住在一个小镇上。小镇的一条街上，有两个牙医，正好是对门，一个姓刘，一个姓张。刘医生的生意很好，来治牙的人络绎不绝，搞得他很辛苦，老埋怨说怎么那么辛苦，一站站一整天。那个张牙医，很少客人，逼得他跑到门口抱怨，怎么搞得，都跑到对面去，也不到我这儿来？这是非常强烈的对比。各位愿意做哪个人？病人多，收入就多，但很辛苦；没有病人，收入就少，但乐得清闲。最后更妙的是，听说刘医生的药都用光了，而张医生因为常年没有病人，所以药很多，刘医生反而还要高价去跟他买。你看这不是笑话吗？

天底下的事情是不断地在变化的，千万不要认为将来一定会怎么样。我们常说，祸福无门，就看你怎么闯。损益同时存在，天底下没有只损不益或者只益不损的事情。

《易经》告诉我们，有舍才有得，有损才有益。我们要想获益，必然会在某些方面损失掉一些东西。那么我们要怎样去损，才不至于害人害己？怎样去追求增益，才不至于得不偿失呢？

损，不是专门损人，而是损己。损己才能获益。按照一般人的做法来看，如果我们开别人的玩笑，就是损他。其实，一个会开玩笑的人，只会开自己的玩笑，损自己，大家很快乐，会觉得这个人不错，然后他就获益。如果老损别人，谁见了都怕，最后只能害自己。

夸奖别人，笑话自己，结果就不错。满招损，谦受益。大家都知道，现在我们讲到损益的时候，应该把这几句话放在脑海里面领悟领悟。为什么满会招损呢？很简单。你看水缸如果装满了水，天上下雨的时候，它就装不进再多的水了。益卦的"益"字，如果旁边加上三点水的话，那就叫溢。就是说，水要溢出来了，这就是损失。所以，老想获得利益的人，最后是得不到的。如果一个人有慈悲心，有仁爱的修养，他就会舍得跟人家分享，最后获得的一定更多。因此，修损就是增益，这是一体两面。把自己的欲望减少，就得到身心的健康。欲望很多，就算能够全部满足，消耗

第九十三集　损极而益

的体力必然也多，最后可能得不偿失。

一般人，是不会算损益的。大家整天看公司的损益表，但有没有算过自己的损益表：这一年我损失了几个朋友？这一年我害了多少人？虽然是无意的，但是对方心里很清楚，为什么有些人一看见他，就躲得远远的，碰到他就紧张？这里面一定有某种道理。

先损后益的意思就是说，要先舍。而舍是违反人性的，因为人性多半是舍不得自己已有的东西的。比如，小孩有了一样东西，他一定抓得紧紧的，甚至送到嘴巴里，他不会送给别人，一定送给自己。从这就可以看得出来，人的本能就是先照顾自己。如果没有本能，人就不用活了。

我们的修养，就是把身上的动物性，慢慢地修养成人性。其中包含了两个过程，第一个过程就是先把自己的动物性损掉，这样就越来越像一个人。第二个过程就是舍得把人性里面的贪念、邪念损掉，这样就获得了不一样的修养。如此一来，大家马上可以领会到，有形的、物质的东西，钱也好，财富也好，都要适可而止，不要拼命地要求增益。为什么？因为物质方面越多，精神就越贫乏，道德就越衰落。道德一衰落，利害就重生，最后大家都受害。记住一句话，害自己就等于害别人。

通过学习益卦，我们可以知道：当为了益而损的时候，要懂得自损；当损后受益的时候，要时刻记住适可而止。只有这样才能以小的代价获得大的益处。然而，人类社会却总是益少损多，那么这种现象在《易经》中又有着怎样的依据呢？为了避免陷入这种损大于益的境地，我们又需要怎样做呢？

从人类的大环境看，天数，是一三五七九，它们都是阳数，总和是25。地数，是二四六八十，他们都是阴数，总和是30。很明显，阳数比较少，阴数比较多，这就告诉我们，人群社会里面，通常的情况是君子比较少，而小人比较多。任何国家，治世都比较短，乱世比较长。为什么这样？正因为人生乐少忧多，人才会有修炼的机会。如果碰到的都是好人，

其实并不好，因为我们就不知道什么是坏人了，就没有免疫力，一旦遇到坏人，也认不出来，最后就被他害死了。所以任何事情，要从不同的角度去想，才有不同的领会。我们千万记住，一定要学正确的东西，学有用的东西，才损得有意义。学也是损，学为什么是损失呢？因为学习要花时间，有时候还要花钱，而且要把人的旧观念损掉，才有办法接受新观念。所以我们要对益卦的六个爻好好分析一下，看看什么是为学日益，这才是益道的精华。

易经的智慧 · 第九十四集

为学日益

俗话说，有得必有失。与损卦互为综卦的益卦，无时无刻不在告诉我们，要想获得收益，就需要付出一定的代价，因为益是自损的结果。那么，处于不同阶层的人，由于他们所面对的人生环境各不相同，根据益卦的六个爻，他们又该如何自损，如何把握机会而获得收益呢？

第九十四集　为学日益

我们常常讲，为学日益，为道日损。做学问做到能够见尚就去模仿，见过就赶快改，那就表示学得很正确，因为所学的对自己的修养、品性，的确有帮助。如果所学的只是使自己常常动歪脑筋，常常替人家出坏点子，那就表示所学的方向偏了，就不能收到为道日损的效果。我们要了解这些道理，最好是把益卦的六个爻分析一下。

我们可以看到，初九爻（图94-1）的爻辞是：*利用为大作，元吉，无咎。*

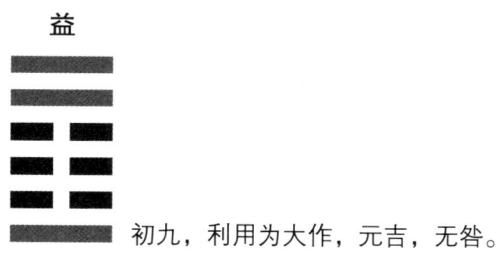

图94-1

"初九，利用为大作"，这是非常奇怪的事情，因为初九是潜龙勿用，地位很低，又没有实权，怎么可能利用为大作呢？所以我们就看到下面那两个字，叫作元吉。元吉在这里是提醒我们，要去做非常的事情，建立不一般的功劳，才会无咎。这样一来我们就更想不通了，因为初九在下，要守住潜龙勿用的规则，不能贸然去做大事，既然这样怎么在这里反而叫初九要利用为大作，大干一场呢？我们最好看看它跟六四的关系，初九、六四是相应的，六四会充分地来支持初九，所以初九应该抓住机会好好表现一下，做大的事情，建立非常的功劳。大家想到这个，马上想到一句话说，难怪大家都讲朝中无人莫做官，朝中有人好做事。那我现在问各

位，朝中有人是不是好做事？这个答案你要非常小心。如果你认为对，比如你的舅舅当部长，你有他支持，怕什么，抓住机会就干，那种事情是太危险了。我们常常看到一些事情，就是因为假借上面的势力，为所欲为，最后反受其害。我们要很清楚，朝中有人好做事，是有一个先决条件的，就是只能为公，绝不能为私。

> 朝中有人好做事，是有一个先决条件的，就是只能为公，绝不能为私。
> ——《易经》的智慧

初九小象说：**元吉，无咎，下不厚事也**。"下不厚事"就是说，原来的本分是不应该做重大的事情的，这是特殊状况，所以要把握"元吉，无咎"这四个字。我们都知道初九是最先的受益者，受什么益呢？就是六四充分支持它。但是初九的责任，就是要最先去施益于人，不能说六四照顾初九，初九就偷谋私利，只管自己好处，不管别人，那很快就会出事。

当我们获得了上级的支持，一定要秉持施益于人的原则，为公众做一番大事业，千万不能谋求私利，否则很快就会招致恶果。并且在做事情的时候，我们还需要维持好上级对自己的信任度。那么，根据益卦六二爻的道理，我们要怎样做，才能始终得到上级的信任呢？

六二爻辞（图94-2）是：**或益之十朋之龟，弗克违，永贞吉。王用享于帝，吉**。

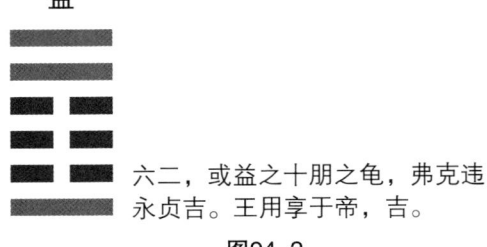

图94-2

第九十四集　为学日益

"或益之十朋之龟"，就是说有人送很宝贵的东西。"弗克违"，不必推辞，也不能推辞。这是什么道理呢？六二爻是臣位，臣位就有人送来很珍贵的东西，如果六二很大方地把它收起来，那会不会引起大家的怀疑？当然会。人家怀疑还是一回事，自己才更可怕，因为自己会心存非分之想，会觉得好像天命在我：你看我职位不高，就已经得到大家的拥戴。那还得了！

一个人年轻得益是好还是坏，要看自己怎么拿捏。年轻得益，要记住，这是我的福分，我要很珍惜。我对我的领导要忠心耿耿，永远守贞，这样才会吉祥。所以下面就有一个附带的条件，叫作"王用享于帝，吉"。这个帝就是天帝。"王用享于帝"，就是说那些当天子的人，都要去祭拜天帝，何况我呢？我是个小小的官，怎么会得到这么多的拥戴，上面一定怀疑我，是不是心存不轨，是不是树立帮派，是不是画地为王，那岂不是很糟糕？《易经》替我们考虑得这么仔细，同样有人送你珍贵的东西，你一定要考虑自己的身份、地位、立场，要让上面知道，你对他忠心耿耿，这样才不会有问题。

大家可以看到以前小太监，他出去办事，人家送他东西，他回来怎么处理呢？很简单，他也有主管，他就把人家送他的东西，给他的主管看，说这是人家送我的，实际上是送给你的。如果太监总管一看，就收走了，你就知道他根本不想给小太监，如果小太监拿了，他就会找小太监麻烦。如果他说你收下吧，小太监就可以放心地收，就多这么一层手续而已。越让领导知道，领导多半越会跟下属分享；下属越瞒着领导，领导就有100个问号，因为下属没有永贞吉。领导会怀疑：你是不是假借我的名义在外面做些什么，向人家勒索，向人家要东西，损害我的名誉。像这些，都是现在年轻人很少想到的，因为他没有把益卦好好考虑考虑。

六二要随时让领导感觉到自己照顾别人，图利别人并不是为自己，而是为了整体，领导就会很高兴。如果是拿公家的资源，去讨好人家，去造成自己的势力，那就麻烦大了。不但不能弗克违，而且上面会怀疑六二的动机，那后果是堪忧的。

六二小象说：**或益之，自外来也**。"或"就是有人，"或益之"，就是有人来助益于六二。是谁？九五。六二就要看九五对自己信任不信任，否则的话，就是自找麻烦。

当我们受人拥戴，获得福分的时候，一定要想到对领导的忠心，千万不能为了谋私利而使自己陷入被上级怀疑的境地。然而在某些特殊时期，我们也有可能会冒着被上级怀疑的危险，动用公家的资源去解决问题，那么在这种情况下，益卦六三爻又给我们哪些提醒呢？

接下来我们看六三爻，六三显然是不当位的，它没有得到上九的益。照理说，六三跟上九是一阴一阳，应该是相应的，但是因为上九不当位，六三也不当位，所以它们两个还是有矛盾的。

因此，六三爻辞（图94-3）写得很清楚：**益之用凶事，无咎。有孚中行，告公用圭**。

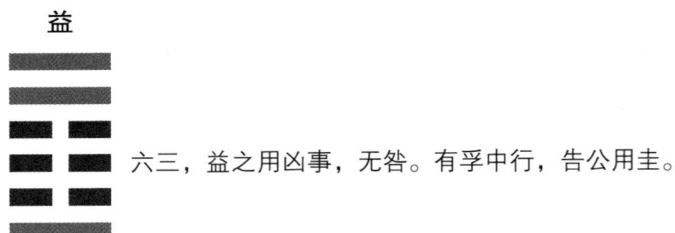

图94-3

六三的益，用现在的话来讲，叫作自肥。因为六三官大，于是就立了一些法令来图利自己，我想这种事情是蛮多的。可是它告诉你，用凶事会无咎，如果用正事反而有咎，这是什么意思呢？就是说只有当国家有大难的时候，即非常时期，采取非常行动，当然无咎。如果在平常敢这样做，上面马上就怀疑是不是趁机要造反。

第九十四集 为学日益

六三的行为不能太刚猛，否则会引起更大的怀疑，所以要"有孚"，即诚信，而且行事要适中。在非常时期，做非常的事情，表现出自己的诚信，即是为公，不是为私，要忠心，行事还要适中。换句话说，要让人家感觉到，还是在接受上面的管制，这非常重要，现在这样做是不得已，但是上面如果叫停，马上会停，这样就好了。

"告公"，就是要去报告三公，让他们知道自己要做什么。"用圭"是什么意思呢？以前的人用圭，是代表他的诚信，所以圭就是诚信的表征，去向领导报告就表示很坦然，是为公做事。所以"告公用圭"就是让上面信任自己，这对自己是有益的。

六三的小象说得很清楚：**益用凶事，固有之也**。就是说凶事解除了以后，就要回归正常，比如说手下有一些资源，平常不敢动用，也不能动用，可是非常时期就要动用，否则就是不用心，可是动用完了回归正常的时候，又要把那些资源恢复原来的状况，不可以顺便就挪用了。"固有之也"就是表示没有恶意，没有那种对上面不忠诚的心态。

当集体有大难，或者处于非常时期的时候，我们可以动用一些平常轻易不敢动用的资源来及时解决问题。然而当问题解决之后，动用的资源还需要如数归还，绝不能私吞或挪用，这是作为下属所应坚守的原则。那么作为中高层的干部，又需要坚持哪些原则，才不至于使自己陷入危机呢？

六四，在下震的上面，是巽卦的开始，它高而不亢，地位低而不卑。换句话说，就是不上不下，所以它要以柔顺的态度去秉承九五，用谦虚的心态来照顾初九，才会顺，才是上巽的作风。所以六四爻辞（图94-4）说：**中行，告公从，利用为依迁国**。

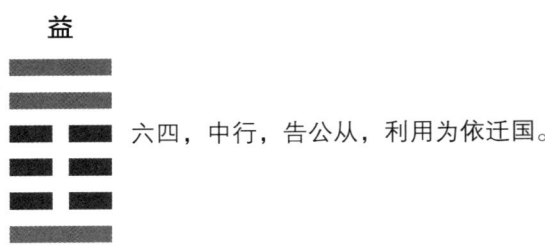

六四,中行,告公从,利用为依迁国。

图94-4

六四做得很好,所以叫作"中行","中行"就是行为很合理,按照中道而行。"告公从"的意思就是说,如果是平常时期,一定要报告三公,让他们同意以后,才可以做。"利用为依迁国",在非常的时期,就算是主持迁都的大事,都可以做,同时还要考虑有没有得到初九的帮忙,不要说凭一己之力,就可以把大事揽在身上,那是危险的。所以六四所做的事情,就是四个字,叫作承上启下。

六四的小象说:*告公从,以益志也*。"告公从",怎么会"益志"呢?其实"告公从"后面省略了一句话,叫作"利用为依迁国",最后才是"以益志也"。"以益志也"的意思是,能够把志向,整个顺利地发展出来,为什么?因为大家都会保护六四,都会相信六四,而平常有平常的做法,特殊的时候有特殊的办法,六四心里都非常清楚。大家一放心,就可以按照自己想的做事情,及时地把它施展出来。在一般的情况之下,就算六四地位已经很高,已经是大臣了,跟九五非常接近,可是还是要先报告,才可以动手,要让九五感觉到很放心。九五对六四最放心的,就是九五没有点头,六四不会动,而最不放心的就是六四想做什么,就去做了。这样有一天九五就感觉到自己糟糕了,控制不了,被架空了,六四完全假借自己的威势,然后爱做什么就做什么,为所欲为,那还得了。所以六四跟九五贴得太近了,我们常常讲伴君如伴虎,就是这种感觉。

平常一般的事务,既不急,又有时间,为什么不先报告一下呢?报告一下,领导一定会支持,因为他对自己本来就信任,何必因为那么一点点

第九十四集　为学日益

时间，自行决定，引起他的怀疑，使得他跟自己距离越来越远，那不是糟糕了。很多功臣到最后被杀，就是没有告公从。

所以大家把下面的三个爻跟六四爻做一个比较，就知道，其实职位越高，越要小心翼翼，这就是《易经》为什么三多凶，四多惧的原因。

"三多凶，四多惧"，我们可以把它看作是对处于中层位阶的人们的一种警示。作为中层领导，一定要取得下属对自己的拥戴和上司对自己的信任，这样才能够做好事情。那么作为卦主的九五爻，又反映了作为主要领导人，所需要注意的哪些问题呢？

九五爻是卦主，爻辞（图94-5）是：**有孚惠心，勿问，元吉。有孚惠我德。**

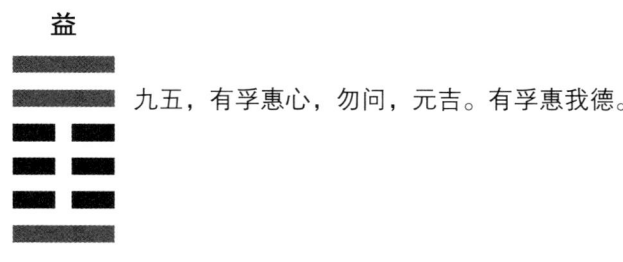

图94-5

"有孚"就是跟老百姓讲话，要有信用。领导对干部讲的话，对部属讲的话，对员工讲的话，一定要有信用，大家才会信任领导，才会跟领导密切配合。"惠心"就是惠而不惠。大家有没有发现，损上益下，大部分都是在精神方面，很少在物质方面。你说政府按月发钱给老百姓，这个很难做到，了不起非常时期偶尔做一次。损上益下，如果把上的物质拿来分，那你想想看，上面可能只有少数几个人，下面一大堆人，那怎么去分？因此，大家就知道上面人多半是顺应民情，看大家的需要，然后再制定一些原则性的、政令性的，或者是今天西方人很喜欢讲的游戏规则，让

大家照着去做,这个就是损上益下最常见的现象。而不是说百姓要钱,政府就给百姓钱,那是做不到的。

"勿问,元吉"就是说,老百姓看到政府真正替他们设想,又给他们正确的指导,自然非常拥戴政府。不用问也是大吉大利的,也是对百姓很好,对政府很有帮助的。

"有孚惠我德","我"就是九五自己,人民信任政府,又受惠而感谢,政府很自然就会获得民心,这对政府来讲,就是最好的结果。当领导的人,讲话一定要有信用,不能出尔反尔,千万不要言而无信,绝对不可以存心欺骗部属。领导真心去照顾部属,给他们好的指导,他们心里头会衷心地感谢领导,这就是九五最好的修德。

> 当领导的人,讲话一定要有信用,不能出尔反尔,千万不要言而无信,绝对不可以存心欺骗部属。
> ——《易经》的智慧

九五的小象说:*有孚惠心,勿问之矣。惠我德,大得志也*。我们拿政府来讲,如果政令是出于诚信,施政是顺乎民心,那自然元吉,这个根本不用问。"惠我德"就是感谢政府的德政,民心很稳固,政府就很放心。

"大得志也"是什么意思?就是人民安居乐业的这种志向也获得满足了,因为他们感觉到政府是诚心诚意在照顾老百姓,政府所有的施政都是顺应民情的,而且还很讲信用,因此,百姓从心里头感谢政府的德政,也感觉到自己应该知足了,有这样好的政府自己就要安分,就要安居乐业,各人把各人事情做好,不要过多索求,这样就觉得生活的很有幸福感。

益卦的九五爻告诉我们,作为领导者,要讲求诚信,替下属着想,并给他们以正确的指导,这样才会取得信任,赢得拥护。否则就会遭遇到上九爻的处境,那么,上九爻又是一种怎样的处境呢?这种处境又给人们怎

第九十四集　为学日益

样的警示呢？

上九爻的爻辞（图94-6）是：**莫益之，或击之。立心勿恒，凶。**

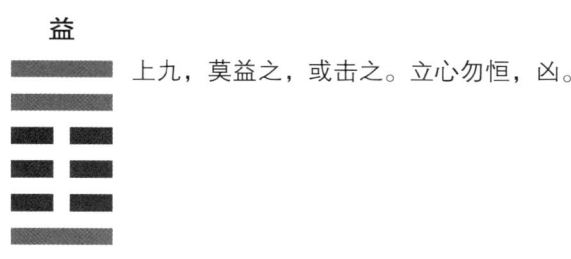

益

上九，莫益之，或击之。立心勿恒，凶。

图94-6

爻辞直截了当就说这一爻是凶。"莫益之"就是说，老百姓对政府不再信任了，因为感觉被骗了。就像现在很多人对父母没有信心了：我给你钱你拿去赌博，回头又向我要；我买房子给你，你拿去当，拿去抵押，拿去买股票，负债累累，那还供益什么呢？这个"莫益之"就是他已经心寒了，不想再帮了。

"或击之"，甚至群起而攻击，说怎么可以这样对待我们，难道我们不明白吗？"立心勿恒"的意思就是说，之所以会搞到这个地步，就是因为上九贪得无厌，居心不善，所以一定凶。

上九的小象说：**莫益之，偏辞也。或击之，自外来也。** "莫益之"是上面要求底下，而底下根本不理。"偏辞"就是虽然你在这里请求，但是大家只是说些话来应付，没有人真正要帮忙。

"或击之，自外来也"，四方八面反抗的声浪都来了，我相信各位在电视上也看到很多这样的景象，很多欧美国家，老百姓上街游行对政府有意见，就是"或击之"，开始要对政府提出一些不同的意见。"自外来也"，这个外来，如果是国内的还好一点，有时候是好几个国家搞到一起，跑到自己国家来，那又能怎么样？因此我们必须要事先预防，换句话说，想帮助人家，要考虑那个后果，而不是说仅凭一腔热血，说做就做。

我们谈到这里就可以知道，上九的问题在哪里。上九处在益之极而不会自损，一个人舍不得自损，反而要损人来利己。换句话说，人求益的那种心是不停止的，你们对我好，还要更好；你们帮我忙，还要再帮忙，继续帮忙；你们借我钱，这样不够，继续借我，那最后一定是凶。整个卦告诉我们，任何事情都要适可而止。

一个人损的时候，自然会动脑筋，走正路去收益，可是问题是，当收益越来越多的时候，就开始动歪脑筋了，多还要求更多，永远不够，最后一定要决，决就是外来的打击。所以我们接下来就要谈到夬卦，夬卦的意思就是决其当决，该决的时候就要决，否则连这些都守不住。想想看，水坝的水满了以后一定要溢，一定要泄洪，否则可能整个水库都垮掉了，只会造成更大的伤害。

曾仕强教授出版著作

类别	序号	书名	定价
易经解析类	1	易经的奥秘使用手册	80.00
	2	百家讲坛——易经的奥秘	30.00
	3	易经的奥秘（典藏版）	58.00
	4	易经的智慧6	36.00
	5	易经的智慧5	36.00
	6	易经的智慧4	36.00
	7	易经的智慧3	36.00
	8	易经的智慧2	36.00
	9	易经的智慧1	36.00
	10	易经中的管理智慧	36.00
	11	易经良基（共六册）	192.00
	12	易经良基·中（共六册）	192.00
传统文化类	13	道德经的奥秘	36.00
	14	道德经与罗浮山	39.80
	15	长安家风	39.80
	16	孝经给现代人的启示	30.00
	17	孝就是道	30.00
	18	坤道——曾仕强教做出色的中国女人	39.80
	19	为官之道	30.00
	20	大学之道	30.00
	21	论语的生活智慧(上、下)	64.00
	22	论语给少年的启示	58.00
	23	论语给青年的启发	68.00
	24	论语的现代智慧	68.00
历史点评类	25	曾仕强点评三国之道：论三国智慧（上、下）	86.00
	26	曾仕强点评三国之道全集	128.00
	27	百家讲坛——胡雪岩的启示	30.00
	28	曾仕强评胡雪岩	29.80
	29	中华文化的特质	26.00

咨询热线：010-69292472

本系列为曾仕强教授 CCTV10 百家讲坛 《易经的奥秘》讲座配套深度解析丛书

现代易学院系列（共18册，陆续出版中）

曾仕强教授详解易经系列一至六

曾仕强教授详解易经系列七至十二

曾仕强详解易经系列
为您一一详解《易经》中的六十四卦

与您畅谈易经智慧在现今社会的思维
以及如何应用易经智慧经营您的人生与事业

陕西师范大学出版总社有限公司　　出版　　北京泰学天地教育咨询中心　发行
西安曲江出版传媒股份有限公司